まちの居場所、施設ではなく。

文化とまちづくり叢書

―― どうつくられ、運営、継承されるか

田中 康裕 = 著

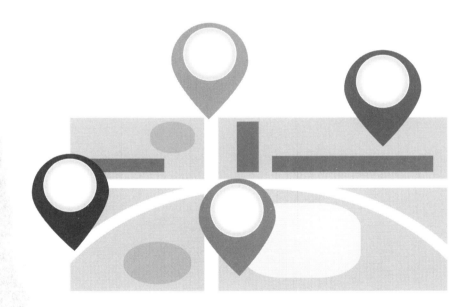

水曜社

まちの居場所、施設ではなく。
──どうつくられ、運営、継承されるか

まえがき

　2000年頃から、従来の施設にあてはまらない新たなタイプの場所が、同時多発的に開かれるようになってきました。コミュニティ・カフェ、地域の茶の間、まちの縁側など様々な名称で呼ばれるこれらの場所は、介護、生活支援、育児、退職後の地域での暮らし、貧困といった切実な、けれども従来の制度・施設の枠組みでは十分に対応できない課題に直面した人々が、自分たちの手で課題を乗り越えるために開かれた場所だという共通点があります。これらの場所でしばしばキーワードとされるのが居場所であり、筆者らはこのような場所を「まちの居場所」と呼び、研究を続けてきました。

　近年では「まちの居場所」には介護予防の効果があることが広く認識されるようになり、2015年に施行された「介護予防・日常生活支援総合事業」(新しい総合事業)では、「まちの居場所」をモデルとした「通いの場」がサービスの1つとして盛り込まれました。草の根の動きとして同時多発的に開かれてきた「まちの居場所」は、制度に影響を与えるまでになったと言えます。

　本書ではこれまでに筆者が調査をしたり、運営に携わったりしてきた4つの場所を取り上げています。東京都江戸川区で子どもだけでも入れる喫茶店として開かれた「親と子の談話室・とぽす」(1987年～)、大阪府千里ニュータウンで空き店舗を活用して開かれた「ひがしまち街角広場」(2001年～)、東日本大震災の被災地である岩手県大船渡市に開かれた「ハネウェル居場所ハウス」(2013年～)、そして、新潟市に「地域包括ケア推進モデルハウス」として開かれた「実家の茶の間・紫竹」(2014年～)です。

　「親と子の談話室・とぽす」、「ひがしまち街角広場」を初めて訪れたのは15年以上前のことになります。その後、現在まで定期的に訪問する中で、多くのことを教えていただきました。

　「ハネウェル居場所ハウス」は4つの中で最も深い関わりを持ってきた場所であり、運営メンバーの1人として実践に携わらせていただきました。研究者として外側から眺めるのではなく、実践者として内側に入るという経験

からは多くのことを教わりました。同時にこの経験は、地域において外部の存在である研究者が担い得る役割について考える始めるきっかけにもなりました。

「実家の茶の間・紫竹」へは本書執筆のために初めて訪問した場所であり、長年にわたる実践を通して見出された方法論に基づいて、魅力的な場所が作り上げられているのを見せていただきました。

このように本書で取り上げる4つの場所はオープンのきっかけも、地域も、運営内容も異なりますが、大切にされていることには多くの共通点があることに驚かされました。そして、それは介護予防という側面だけでは語り切れないものであることにも気づかされました。こうした体験が、本書執筆の背景となっています。

本書は、4つの場所の具体的な姿を描くことを通して、「まちの居場所」では何が大切にされ、それはどのように継承していくことができるのかを考察したものです。本書が「まちの居場所」がもつ可能性を発見し、地域における豊かな暮らしを実現するためのきっかけになれば幸いです。

2019年10月
田中 康裕

目　次　　まちの居場所、施設ではなく。──どうつくられ、運営、継承されるか

まえがき

第1章. 4つの「居場所」 9

1-1. 「まちの居場所」をめぐる状況
1-2. 対象とする4つの「まちの居場所」
1-3. 対象とする「まちの居場所」の位置づけ
1-4. 「まちの居場所」の継承

第2章. 施設ではない「場所」 24

2-1. 居場所という言葉
2-2. 居場所という言葉の意味
2-3. まちの居場所の可能性

第3章. 親と子の談話室・とぽす 31

第4章. ひがしまち街角広場 49

第5章. 居場所ハウス 75

第6章. 実家の茶の間・紫竹 101

第7章. 運営の継続 118

7-1. 人の確保
7-2. ものの確保
7-3. お金の確保
7-4. 内部の人々に対して外部の人々が出入り自由であること
　　　（セミパブリックな空間）
7-5. ありあわせのものを活用すること（ブリコラージュ）
7-6. 主客の関係の入れ替わりを大切にすること（ホスピタリティ）

第8章. 「私」と「地域」にとっての価値 ······················· 137

8-1. 社会的弱者ではなく、尊厳をもった個人として居られること
8-2. プログラムへの参加ではなく、場所に居ること
8-3. 完成されたものの利用ではなく、自分たちで徐々に作りあげていけること
8-4. 既存の枠組内での連携ではなく、まちを再構築すること

第9章. 価値を継ぎ、さらにゆたかに ······················· 153

9-1. 「まちの居場所」の価値と制度・施設化
9-2. 理念の中身を事後的に豊かなものにし共有すること

あとがき：先行研究者から「まだ見ぬ読者」へ

注

参考文献・資料

謝辞

第1章. 4つの「居場所」

1-1.「まちの居場所」をめぐる状況

　2000年頃から従来の制度・施設 (Institution) の枠組みには当てはまらない新たなタイプの場所が、各地に同時多発的に開かれている。コミュニティ・カフェ、地域の茶の間、まちの縁側、ふれあいの居場所、サロンなど様々な名称で呼ばれているが、これらの場所には、専門家や行政の支援ではなく、地域の人々が中心になって運営されている場所が多く、介護、生活支援、育児、退職後の地域での暮らし、貧困といった切実な、けれども従来の制度・施設の枠組みでは十分に対応できない課題に直面した人々が、自分たちの手で課題を乗り越えるために開かれた場所であるという共通点がある。これらの場所でしばしばキーワードとされるのが居場所であり、筆者らはこのような場所を「まちの居場所」と呼び注目してきた (日本建築学会, 2010)。近年ではますます多様な「まちの居場所」が開かれており、もはや時代の1つの流れを形作っていると言って過言ではない。

　「まちの居場所」の正確な数は把握されていないが、例えば、「この10年近くの間に全国に広がり、その数は2000とも3000とも言われる」(浅川, 2015)、「コミュニティカフェは全国に3万カ所以上あると推定している」(昆布山, 2015) という指摘もみられる[1-1]。地域に多数ある「まちの居場所」の情報を整理し、共有しようとする動きも行われつつあり、例えば、認定NPO法人コミュニティ・サポートセンター神戸が2016年10月にまとめた冊子には、「多様な人々が集い、気兼ねなく自分が開放できる場所、そこでは自分らしい役割も見つけることが出来るそんな地域の居場所」として、神

戸市内の268ヵ所の居場所が紹介されている[*1-2]。奈良介護保険研究会居場所プロジェクト実行委員が2017年1月に作成した「奈良県の居場所マップ」には619ヵ所の居場所が掲載されている。「奈良県の居場所マップ」に掲載されているのは「「サロン」「まちの縁側」「茶の間」などと言われている活動」も含めた「地域の居場所」である[*1-3]。これらの動きからも現在、既に非常に多くの「まちの居場所」が開かれていることが伺える。

近年では「まちの居場所」には介護予防、生活支援、孤立防止などの効果があることが広く認識されるようになり、高齢化のさらなる進展を背景として行政からの働きかけ、支援によって「まちの居場所」を広めようとする動きもみられる。

大阪府では「高齢者の生活圏、徒歩圏で、「普段からのふれあい」の活動があれば、高齢でも元気で、お互い元気かどうか確認できて、何かあったら助け合うこともできるのではないか」という考えから、「今後さらに高齢化が進む府営住宅」の集会所等を活用する「ふれあいリビング」の整備事業が行われており（植茶ほか, 2001）、2010年度末の時点で26の府営住宅で「ふれあいリビング」が運営されている（写真1-1）[*1-4]。新潟県には地域の茶の間が広がっている。地域の茶の間とは「どこでも、誰にでも簡単に始められて、子どもから高齢者まで、障がいの有無や国籍などを問わず誰でも参加することができ、それぞれが思い思いの時間を過ごせる居場所」である。新潟県が2000年に策定した「新潟県長期総合計画」において全県普及が打ち出され

※「ふれあいリビング」の第一号として開かれた「下新庄さくら園」（2000年5月15日オープン）

（写真1-1）ふれあいリビング・下新庄さくら園

※2013年現在の「地域の茶の間」の数。丸印1つが、「地域の茶の間」1ヵ所を表す（「実家の茶の間・紫竹」に貼られていた地図を撮影したもの）

（写真1-2）新潟県内の「地域の茶の間」

たことにより、当時70ヵ所ほどしかなかった地域の茶の間が、2003年度には687ヵ所、2013年度には2,063ヵ所と県内全域に広がっている。新潟県は2013年度に「新潟県高齢者地域ケア推進プラン」を策定し、地域の茶の間のさらなる普及を推進している（写真1-2）[1-5]。この他にも、さわやか福祉財団編（2016）では熊本県の「地域の縁がわ」、山形県や秋田県の「ふれいの居場所」、静岡県の「ふじのくに型サービス」、京都市の「高齢者の居場所づくり事業」が紹介されている。

　このように各地で多様な取り組みが進められているのに加えて、「まちの居場所」を制度の中に位置づけようとする動きもみられる。「まちの居場所」は「高齢者の尊厳の保持と自立生活の支援の目的のもとで、可能な限り住み慣れた地域で、自分らしい暮らしを人生の最期まで続ける」[1-6] ことを実現する「地域包括ケアシステム」の１つの柱として注目されており、2015年に施行された「介護予防・日常生活支援総合事業」（新しい総合事業）では「まちの居場所」をモデルにした「通いの場」がサービスの１つとして盛り込まれた[1-7]。

　『地域づくりによる介護予防を推進するための手引き』[1-8] では「何故、介護予防のためには住民が主体となって運営する「通いの場」が必要なのか」という理由として「より多くの高齢者が介護予防に取組むため」、「持続的な介護予防の取組みとなるため」、「介護予防の取組を支える人のモチベーションを維持するため」の３つがあげられており、「住民運営の通いの場のコンセプト」として「①市町村の全域で、高齢者が容易に通える範囲に通いの場を住民主体で展開」、「②前期高齢者のみならず、後期高齢者や閉じこもり等何らかの支援を要する者の参加を促す」、「③住民自身の積極的な参加と運営による自律的な拡大を目指す」、「④後期高齢者・要支援者でも行えるレベルの体操などを実施」、「⑤体操などは週１回以上の実施を原則とする」の５つがあげられている[1-9]。

　当初、草の根の活動として、地域の人々が中心となって開き、試行錯誤により運営されてきた「まちの居場所」は、制度の中に位置づけられるようになったというのが、「まちの居場所」をめぐる状況である。

1-2. 対象とする4つの「まちの居場所」

　本書で対象とするのは「親と子の談話室・とぽす」(東京都江戸川区、1987年オープン)、「ひがしまち街角広場」(大阪府豊中市、2001年オープン)、「ハネウェル居場所ハウス」(以下、居場所ハウス。岩手県大船渡市、2013年オープン)、「実家の茶の間・紫竹」(新潟県新潟市、2014年オープン)の4つの場所である。これらの4つの場所を選んだのは、「まちの居場所」のパイオニア的な存在であり、それぞれ異なったあり方で運営が継続されているという多様性を考慮してのことである。筆者は4つの場所と次のような関わりをもってきた。

　「親と子の談話室・とぽす」は30年近く、「ひがしまち街角広場」は15年以上にわたって運営が継続されている。いずれの場所も筆者が大学院生の頃からお世話になっている場所であり、10年前に執筆した学位論文(田中, 2007a)でも対象とした。

　白根良子・喜代志さん夫妻が個人で運営する「親と子の談話室・とぽす」を初めて訪れたのは2003年3月31日。当時、子どもの居場所をテーマとし研究していた時に、ウェブサイト*1-10)で「親と子の談話室・とぽす」が紹介されているのを見つけたのが初めての訪問のきっかけである。それ以来、調査の有無を問わず、継続して訪問させていただいてきた。白根さんは歌声喫茶を教えたり、自身で絵画の個展を開いたりと多彩な活動をされている方であり、大船渡市の「居場所ハウス」にも2度訪問していただき歌声喫茶と絵手紙教室を開いてくださった(写真1-3)。

　「ひがしまち街角広場」は千里ニュータウンの近隣センターの空き店舗を

(写真1-3)「居場所ハウス」での絵手紙教室

(写真1-4)「ひがしまち街角広場」で販売している「千里グッズの会」の絵はがき (写真右)

活用して運営されている場所である。「ひがしまち街角広場」初めて訪れたのは2004年の春頃だが、調査をするために訪問したわけではなかった。当時、筆者が在籍していた大阪大学大学院の建築・都市計画論領域の教員、学生の有志が、「ひがしまち街角広場」に集まった地域の方々とともに行っていた「千里グッズの会」の活動に参加するためであった (写真1-4) *1-11)。活動を通して「ひがしまち街角広場」の初代代表の赤井直さん、現在の3代目代表の太田博一さんらと知り合うこととなった。「千里グッズの会」は2012年9月から「千里ニュータウン研究・情報センター」(ディスカバー千里) として活動を継続しており、筆者も活動に参加している。

　「居場所ハウス」は東日本大震災の被災地である岩手県大船渡市末崎町 (まっさきちょう) に開かれた場所であり、筆者は日々の運営にも関わりながらフィールドワークを続けてきた (田中, 2016a)。筆者は「居場所ハウス」がオープンする数ヶ月前の2013年3月末に初めて大船渡市末崎町を訪問。2013年5月からは大船渡市内で、2015年9月からは「居場所ハウス」の近くにある山岸応急仮設住宅、2016年5月末からは大田応急仮設住宅で暮らしている。東日本大震災の被災地で数多く立ち上げられた活動のうち、復興が進展するにつれて活動を終えるところが徐々に現れつつある状況において、「居場所ハウス」は海外からの働きかけでオープンし、現在は地域の人々が主体となって運営されているという点で希有な事例だと考えている。

　「居場所ハウス」は本書で対象としている4つの場所の中で最も深く運営に関わった場所であり、この関わりを通して「まちの居場所」を研究対象とするだけではなく、「まちの居場所」を対する研究はどうあればよいのか、研究者という立場として「まちの居場所」にどのように関わり得るのかを考えるようになった。この点については本書の「あとがき」で触れることにしたい。

　「実家の茶の間・紫竹」は2014年10月に、新潟市の地域包括ケア推進モデルハウスとして開かれた場所だが、その背景には河田珪子さんらによる30年近くにわたる活動の蓄積がある。

　先に紹介した新潟県の地域の茶の間は、1997年7月、河田さんらが新潟市内の山二ツ会館で始めた「地域の茶の間・山二ツ」がモデルとされている。河田さんらは2003年3月〜2013年3月まで常設型地域の茶の間である「う

ちの実家」を運営。本書で対象とする「実家の茶の間・紫竹」は、新潟市から「うちの実家」の再現依頼を受けて開かれた場所である。「実家の茶の間・紫竹」へは、国際長寿センター・日本の方からの紹介を受け、2016年8月に訪問させていただいた。

　本書で対象とする4つの場所において、人々は飲物を飲んだり、話をしたり、新聞や本を読んだりしながら思い思いに過ごすことができる。来訪者の中心は地域の高齢者だが、子どもや子育て中の世代の人々も来るなど、世代を越えた人々にとっての場所になっている。運営に関わる人と来訪者の関係は緩やかで、一緒に過ごしている光景も見られる。このような場所を、専門家や行政ではなく、地域の人々が中心となって開き、運営しているのである（写真1-5～12）。いずれの場所も非常に魅力的だが、その魅力を居心地がよい場所が実現されているという狭い意味でとらえてはならない。いずれの場所も既存の制度・施設の枠組みからもれ落ちたものをすくいあげようとすることを目指すものであり、その背景には地域における豊かな暮らしとは何かに対する問い直しがある。

　「ひがしまち街角広場」の赤井さんは「ニュータウンの中には、みんなが何となくふらっと集まって喋れる、ゆっくり過ごせる場所はありませんでした。そういう場所が欲しいなと思ってたんですけど、なかなかそういう場所を確保することができなかったんです」[2005-09-01] ※1-12) と話す。学校、病院、集会所など種々の施設が計画的に配置されたニュータウンにおいて、この言葉がもつ意味は大きい。学校は教師が児童・生徒を教育する場所、病院は医者が患者を治療する場所というように、人は属性によってカテゴライズされ、特定の役割を担うことが期待される。集会所は地域の人々が集まるための施設だが、会議の時以外は鍵がかかっており、日常的に人々が出入りする場所になっていないことが多い。種々の施設を整えるだけでは「みんなが何となくふらっと集まって喋れる、ゆっくり過ごせる場所」は実現できなかったのである。「ひがしまち街角広場」とはこうした切実な思いを抱いた人々によって開かれ、運営されている施設でない場所である。

　「親と子の談話室・とぽす」の白根さんの「孤立しないでいられる空間。だけど他人から介入されないで、安心していられる空間。そっちにぽつんと1人で座っていても、みんながいるから安心だ。だけど、こっちにいるみ

(写真 1-5) 親と子の談話室・とぽす

(写真 1-6) 親と子の談話室・とぽす

(写真 1-7) ひがしまち街角広場

(写真 1-8) ひがしまち街角広場

(写真 1-9) 居場所ハウス

(写真 1-10) 居場所ハウス

(写真 1-11) 実家の茶の間・紫竹

(写真 1-12) 実家の茶の間・紫竹

第1章. 4つの「居場所」　15

んなは自分を侵害しないよっていう場所」[2006-09-06] という言葉、河田さんによる「実家の茶の間・紫竹」は「とっても大切な居場所だけれども、それにとどまらないで、やっぱりご近所だっていうことですからね、困った時に「助けて」って言える関係作りを育むようなきっかけの場所でもあって欲しいわけです」[2016-08-01] という言葉、あるいは、「居場所ハウス」が運営のベースとするワシントンDCの非営利法人「Ibasho」による「高齢者が知恵と経験を活かすこと」、「あくまでも「ふつう」を実現すること」、「地域の人たちがオーナーになること 」、「地域の文化や伝統の魅力を発見すること」、「様々な経歴・能力をもつ人たちが力を発揮できること」、「あらゆる世代がつながりながら学び合うこと」、「ずっと続いていくこと」、「完全を求めないこと」という8つの理念。いずれも表現は異なっているが、地域における豊かな暮らしを描いている。

1-3. 対象とする「まちの居場所」の位置づけ

現在、各地に多数開かれている「まちの居場所」の中で、本書で対象とする4つの場所がどのような位置づけにあるかをみることとする。

オープンのきっかけについては、「ひがしまち街角広場」は建設省（現・国土交通省）の「歩いて暮らせる街づくり事業」とそれを受けた豊中市の社会実験、「居場所ハウス」は東日本大震災後の海外からの提案、「実家の茶の間・紫竹」は新潟市の地域包括ケア推進モデルハウスというように、地域外からの働きかけによってオープンしたという特徴がある。3つの場所は、地域外からの働きかけによってオープンした場所を、地域の人々が中心となって運営している、あるいは、中心となって運営することが模索されているのである。

大分大学福祉科学研究センター (2011) は2011年に全国の166ヵ所のコミュニティ・カフェを調査し[1-13]、コミュニティ・カフェの特徴として9割以上が2000年以降に開かれていること、自治体が設置した場所は約1割あるが、自治体が運営している場所はないこと、運営主体はNPO法人・個人・任意団体が多いこと、8割弱が住宅街か商店街で運営されていること、半数以上が20坪（約66㎡）以下と小規模であること、飲食スペースを中心に展示スペース、販売スペースが基本的な空間構成となっていること、約9割が飲物

の提供、約7割が食事の提供と、各種教室・講座の開催を行っていることを明らかにしている。運営状況については、月に16日以上運営しているのが約75%、月に26日以上運営しているのが約15%であること、2～3人で運営している場所が約6割であること、運営スタッフは常勤スタッフがいる場所が約76%、ボランティアがいる場所が約64%、パートがいる場所が約49％であることを明らかにしている。建物については、有償で賃貸が約6割、設置者の自己所有が2割であること、コミュニティ・カフェが開かれる直前の建物の用途は空き家と店舗がそれぞれ約3割、住宅が約2割となっていることを明らかにしている。

　大分大学福祉科学研究センター(2011) の調査結果と本書で対象とする4つの場所を比較すると (表1-1)、「親と子の談話室・とぽす」は1987年と早い時期に開かれており、白根さん夫妻が自宅敷地内に新築し、個人で運営しているという特徴がある。「ひがしまち街角広場」はほぼ平均的なコミュニティ・カフェに近いと言えるが、常勤スタッフはおらず、ボランティアによって運営されている。「居場所ハウス」は東日本大震災後に海外からの提案をきっかけとして開かれたこと、築約60年の古民家をそのまま利用するのではなく、部材を用いた古民家の移築・再生であり、延床面積が約115㎡と大きいという特徴がある。「実家の茶の間・紫竹」は運営日数が週2日であり、築約45年の古民家を活用した規模の大きな空間になっているという特徴がある。

　1日の運営スタッフは、「ひがしまち街角広場」が2人、「居場所ハウス」が2～3人、「実家の茶の間・紫竹」が4人である (表1-1)。ただし、これはスタッフ・当番として割り当てられた人数であり、後にみるように本書で対象とする4つの場所では、いずれも運営スタッフと来訪者との関係は緩やかなもので、来訪者も運営を手伝う、逆に、運営スタッフが来訪者と一緒に話をしながら過ごすという光景が見られる。また、他の日の運営スタッフが来て手伝いをする光景も見られる。

　さわやか福祉財団 (2016) は「地域の人々が交流を目的として集まる場所」を「居場所・サロン」と定義した上で、「居場所・サロン」の分類を行っている (表1-2)。この分類を4つの場所にあてはめると (表1-3)、「仕掛け型」、「対象非限定型」、「コミュニティ・カフェ型」であり、「交流主体特定型」では

第1章. 4つの「居場所」　17

ないということになる。運営日数については、週に２日運営されている「実家の茶の間・紫竹」のみ「一時型」、それ以外は「常設型」に当てはまる。「親と子の談話室・とぽす」と「居場所ハウス」では参加型のプログラムが行われている時間帯もあるが、いずれの場所でも訪れた人はプログラムに参加せず思い思いに過ごすことが大切にされているという点で「自由型」がベ

（表1-1）対象とする「まちの居場所」の概要

	親と子の談話室・とぽす	ひがしまち街角広場
オープンのきっかけ	子育てを通して、思春期の子どもを取り巻く状況を見ていた白根さんの個人的な思い	建設省（現・国土交通省）の「歩いて暮らせるまちづくり事業」と豊中市の社会実験
オープン	1987年	2001年
運営時間	11時～18時頃 （火曜は13時まで）	11時～16時
運営日（定休日）	月～金 （第1以外の土・日・祝日は定休）	月～土 （第4土、日・祝日は定休）
1週間の運営日数	4.5	6
1ヶ月（4週間）の運営日数	18	24
運営主体	白根さん夫妻	ひがしまち街角広場運営委員会
運営主体	個人	任意団体
1日の運営スタッフ数	1	2
常勤	○ （白根さん）	×
ボランティア	×	○
パート	×	×
提供されている主なもの	飲物／食事／各種教室・講座	飲物
地域	東京都江戸川区西一之江	大阪府豊中市新千里東町（千里ニュータウン）
空間	自宅敷地内に新築	空き店舗を活用
面積	約65㎡	約75㎡
建物・土地	白根さん夫妻の自己所有	有償で賃貸

※「居場所ハウス」には常勤という雇用形態はないが、館長（1人）、管理人（1人）、事務局（2人）は毎日ではないが日常的に顔を出しているため「常勤」欄に△をつけている。
※「実家の茶の間・紫竹」はボランティアで運営されているが（交通費のみ支給）、代表の河田さん、事務局のNさんは運営日にはなるべく顔を出すようにされているため「常勤」欄に△をつけている。1日の運営スタッフ数は「居場所担当」の当番2人と「食事担当」の当番2人の合わせて4人である。

ースになっていると言える。また、「実家の茶の間・紫竹」では「実家の手」という有償の助け合い活動が行われている。

　以上のようにみてくると、本書で対象とする4つの場所には共通点が多く、大分大学福祉科学研究センター（2011）が明らかにした平均的なコミュニティ・カフェから大きく外れているわけではない。従って、4つの場所をコミ

居場所ハウス	実家の茶の間・紫竹	大分大学福祉科学研究センター (2011) による調査結果
東日本大震災後の米国の非営利法人「Ibahso」による呼びかけ	新潟市による地域包括ケア推進モデルハウス	
2013年	2014年	9割以上が2000年以降に開かれている
10時〜16時	10時〜16時	
月・火・水・金・土・日（木は定休）	月・水	
6	2	月に16日以上運営が約75%、月に26日以上運営が約15%
24	8	
居場所創造プロジェクト	実家の茶の間＋新潟市	NPO法人・個人・任意団体が多い
NPO法人	任意団体と行政の協働事業	
2〜3	4	2〜3人で運営している場所が約6割
△	△	常勤がいるのが約76%、ボランティアがいるのが約64%、パートがいるのが約49%
○	○	
○	×	
飲物／食事／各種教室・講座	飲物／食事	約9割が飲物の提供、約7割が食事の提供、各種教室・講座の開催を行っている
岩手県大船渡市末崎町	新潟県新潟市東区紫竹	8割弱が住宅街か商店街で運営
古民家を移築・再生	空き家を活用	直前用途は空き家、店舗がそれぞれ約3割、住宅が約2割
約115㎡	約290㎡	半数以上が20坪（約66㎡）以下
建物はNPO法人が所有、土地は有償で賃貸	有償で賃貸（賃貸料は新潟市が負担）	有償で賃貸が約6割、設置者の自己所有が2割

※ 大分大学福祉科学研究センター（2011）は、2011年の全国166ヵ所のコミュニティ・カフェに対するアンケート調査の結果。アンケート調査の有効配布数は478ヵ所で、有効回収率は34.7%である。

(表1-2) さわやか福祉財団 (2016) における「居場所・サロン」の分類

①自然発生型と仕掛け型	●自然発生型 「仕掛ける意識なく、世話好きの人を中心に人が集まり、交流している居場所」	●仕掛け型 「目的を明確にして、仕掛けて「居場所・サロン」を立ち上げるもの」
②単独型と併設型	●単独型 「ふれあいを目的にした「居場所・サロン」を、ゼロの状態からつくり出していくもの」	●併設型 「既存の活動と併設して「居場所・サロン」を運営しているところ」
③常設型と一時型	●常設型 「毎日、または週3日程度開いていれば、行きたいときに行くことができる」	●一時型 「月1回や週1回など、開催日が限定されているもの」
④対象非限定型と対象限定型	●対象非限定型 「高齢者だけでなく、若い人も、子どもたちも、障がいがあるなしにかかわらず、誰もが行くことができる場所」	●対象限定型
⑤交流主体特定型	●交流主体特定型 「参加できる人を限定はしませんが、その「居場所・サロン」で交流する主体を、たとえば「特定の地域の子育て中の人」とか「認知症者とその介護者」などのように特定する型」	
⑥自由型とプログラム型	●自由型 「あえて、特定のプログラムは設けないことを意識している場所」	●プログラム型 「活動内容を定め、集団で活動するプログラムがある「居場所・サロン」」
⑦コミュニティ・カフェ型	●コミュニティ・カフェ型 「カフェや食堂、レストランのように、飲食物を提供する事業形態をとりながら、それだけでなく、そのために参集した人々が飲食しながら、あるいはその前後に交流することを目的としている「居場所・サロン」」	
⑧地縁型組織主催（運営）型	●地縁型組織主催 （運営）型「自治会・町内会などの地縁型組織や地縁の強化を目的とするNPOなどが、地域の絆を深めるために設置・運営する「居場所・サロン」」	

(表1-3) 対象とする4つの「まちの居場所」の位置付け

	親と子の談話室・とぽす	ひがしまち街角広場	居場所ハウス	実家の茶の間・紫竹
①自然発生型と仕掛け型	仕掛け型			
②単独型と併設型	単独型			
③常設型と一時型	常設型			一時型
④対象非限定型と対象限定型	対象非限定型			
⑤交流主体特定型	×			
⑥自由型とプログラム型	自由型 プログラム型	自由型	自由型 プログラム型	自由型
⑦コミュニティ・カフェ型	コミュニティ・カフェ型			
⑧地縁型組織主催（運営）型	△			
⑨有償の助け合い活動との組み合わせ型	×			有償の助け合い活動との組み合わせ型

※いずれの場所も「自治会・町内会などの地縁型組織」によって運営されているわけではないが、「地域の絆を深める」ことも目的の1つであるため、「⑧地縁型組織主催（運営）型」欄は△としている。

(表1-4) 対象とする「まちの居場所」が運営する地域の人口・世帯数

場所	親と子の談話室・とぼす	ひがしまち街角広場	居場所ハウス	実家の茶の間・紫竹
地域	西一之江 (東京都江戸川区)	新千里東町 (大阪府豊中市)	末崎町 (岩手県大船渡市)	紫竹 (新潟県新潟市東区)
人口	10,013人	8,836人	4,280人	5,764人 (6,608人)
世帯数	4,396世帯	4,283世帯	1,511世帯	2,702世帯 (3,086世帯)
1世帯当たり人員	2.28人／世帯	2.06人／世帯	2.83人／世帯	2.13人／世帯 (2.14人／世帯)
備考	・西一之江1～4丁目の合計 ・2017年1月1日現在の人口・世帯数	・新千里東町1～3丁目の合計 ・2017年1月1日現在の人口・世帯数	・2016年12月31日現在の人口・世帯数	・東区紫竹2～7丁目の合計。( )内は中央区紫竹1丁目を加えた人口・世帯数 ・2016年12月31日現在の人口・世帯数

※人口・世帯数はいずれも住民基本台帳人口より。

ュニティ・カフェと呼んでもよいが、いずれの場所も地域の人々が集まって
お茶を飲む場所というカフェという名称からイメージされる姿にはおさまら
ない多彩な活動を行っていることを考慮し、本書ではコミュニティ・カフェ
ではなく「まちの居場所」という表現を用いることとする。

　4つの場所が運営している地域をみると (表1-4) [1-14]、人口は4,000～
10,000人ほどである。1世帯当たり人員は「居場所ハウス」のある大船渡
市末崎町が約2.83人と最も多く、「ひがしまち街角広場」のある豊中市新千
里東町が2.06人と最も少なくなっている。

1-4. 「まちの居場所」の継承

　「まちの居場所」は、当初、草の根の活動として、地域の人々が中心となっ
て開き、試行錯誤により運営されてきたが、近年は制度・施設の中に位置
づけようとする動きもみられるようになった。このような「まちの居場所」
をめぐる状況において、本書の目的は「まちの居場所」の継承について考察
することである。特に次の2つの観点からの考察を行う。

□運営の継続

　1つ目は、各地に開かれている「まちの居場所」の運営をどう継続してい
くかである。これを本書では「運営の継続」と呼ぶ。大分大学福祉科学研究

センター (2011) による全国166ヵ所のコミュニティ・カフェの調査で、採算が黒字の場所は約4％、収支がバランスしている場所は50％、赤字の場所は約44％であること、補助金を除けば約7割が赤字であることを明らかにしているように、運営資金が十分ではない中で、活動の中心となる少数の人々によって、あるいは、ボランティアによって支えられてきた「まちの居場所」も多い。

　運営を継続するために必要なこととして一般的にあげられるのは人、もの（場所・物品等）、お金を確保することである[1-15]。第7章では、本書で対象とする4つの場所で人・もの・お金がどのように確保されているかをみる。詳細は第7章に述べる通りだが、いずれの場所も試行錯誤によって人・もの・お金の確保がなされており、その方法に1つの正解は存在しないこと、また、確保の方法は地域の状況と不可分であることが明らかとなった。そのため、本書で対象とする4つの場所で行われていることは、他の「まちの居場所」にそのまま適用できるわけでもない。ただし、人・もの・お金を確保する方法の背後にある考え方にはいくつかの共通点もみられる。第7章ではこの点についても考察したい。

□価値の継承

　2つ目は、「まちの居場所」が実現しようとする価値を地域が、あるいは、次の世代がどうやって継承していくかである。本書ではこれを「価値の継承」と呼ぶ。人・もの・お金が確保できたとしても、価値が継承されなくては何のために運営を継続するのかわからない。従って、価値の継承は運営の継続よりも根源的なところにあると言える。

　何度か述べた通り「まちの居場所」は既存の制度・施設の枠組みからもれ落ちたものをすくいあげようとするものであった。草の根の活動として同時多発的に開かれてきた「まちの居場所」が制度・施設化される時、「まちの居場所」がもつ価値が損なわれる恐れはないかについては十分考慮すべき点である。これは制度・施設の枠組みの中にあることと、その枠組みからもれ落ちたものをすくいあげようとすることはどう両立し得るのかという容易に解決できない大きなテーマだが、このことを考えるためには「まちの居場所」で大切にされている価値は何か、その価値は制度・施設とどのような関

係にあるかという点から考察を始めるしかないと考えている。そこで第8章では「まちの居場所」で大切にされている価値について、第9章ではその価値の継承のあり方について考察したい。

第2章. 施設ではない「場所」

2-1. 居場所という言葉

現在、居場所という言葉は頻繁に使われているが、この言葉が頻繁に使われるようになったのはそれほど以前ではない。1955年に刊行された『広辞苑（初版）』には既に居場所の項目が掲載されているが、この時点では「いる所。いどころ。」という意味しかなかった[2-1]。この時点では「いる所。いどころ。」という意味しかもたなかった居場所が、様々な意味合いで使われるようになったのは1980年代になってからである。

居場所をタイトルに含む図書が1980年代の中頃から継続的に出版されるようになっていることからも（図2-1）、居場所にとって1980年代は大きな節目になっていることがわかる。

1980年代、居場所は「学校に行かない・行けない子どもたち」との関わりで使われていた。荻原 (2001) は、「「居場所」という言葉がマスコミにしばしば登場するようになってきたのは、1980年代に入ってからになる。その頃、学校に行かない・行けない子どもたちが目立ち始め、登校拒否現象として社会問題になってきたことと深く関わってのことであ」り、「1980年代半ば、「居場所」といえば、学校に行けない子どもたちのフリースクールやフリースペースをさしていた」と述べている。『まちの居場所』(日本建築学会, 2010) でも取りあげた「東京シューレ」はその先駆的な場所である。ただし、芹沢 (2003) が「子どもの居場所は「親の会」によって生まれたが、「親の会」は常に子どもの居場所をつくったわけではなかった。「親の会」にはもっと緊急な課題があった。それは不登校に対する自分たち親の意識の変革

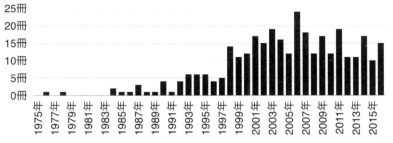

※ 2017年1月26日にCiNii Books（http://ci.nii.ac.jp/books/）で「タイトル：居場所」「資料種別：図書・雑誌」の条件で検索した結果。ヒット数は331件。

(図2-1) タイトルに「居場所」含む図書の出版数

であった」と指摘するように、当時の居場所は子どものためだけでなく、不登校の子どもをもつ親のためでもあった。芹沢（2003）は「居場所を開設するということは、「学校の外」に子どもたちのための空間をつくるということであるとともに、家庭を「学校の外」にするということでもあった」とも述べている。

　本書で対象とする「親と子の談話室・とぽす」（1987年オープン）は、子ども同士で喫茶店に入ることが校則で禁止されていたという状況において、「子供だけでも入れる図書コーナー付きの喫茶店」として開かれた場所である。増田（1999）では、オープン当初の「親と子の談話室・とぽす」が「子どもの居場所を作ってあげようと始めた"とぽす"だったが、ここ一～二年お客さんの中に目立ってきたのが"学校に行かない子どもそして"不登校の子どもをもつ親"たちである」と紹介されている。当時、「親と子の談話室・とぽす」は、まさに「学校の外」（芹沢, 2003）にある居場所だったのである*2-2)。

　「学校の外」という意味で頻繁に使われるようになった居場所という言葉は、その後、行政の文書にも登場するようになる。1992年、文部省委嘱の学校不適応対策調査研究協力者会議が「登校拒否（不登校）問題について－児童生徒の『心の居場所』づくりを目指して－」と題する最終報告書をまとめ、その中で「登校拒否はどの子どもにも起こりうるという観点にたって、学校が子どもにとって自己の存在感を実感でき精神的に安心できる場所（心の居場

第2章. 施設ではない「場所」　25

所）となることが大切であると指摘された」（田中, 2001a）のである。この後、「青少年の問題行動の深刻化や地域・家庭の教育力の低下等も踏まえ全国の学校などで放課後や休日に地域の大人の協力を得て「子どもの安全・安心な活動拠点」を確保しスポーツや文化活動など多彩な活動が展開されるよう家庭地域学校が一体となって取り組む「子どもの居場所づくり新プラン」」が策定され、2004年度から実施されるというように[2-3)、行政が子どもの居場所を設置する動きも見られるようになった。

　1980年代、不登校との関わりで使われていた居場所という言葉は、その後、高齢者、障がい者、母子家庭の母親・子どもなど、様々な人々にとっての居場所が論じられるようになっていく。1990年代後半以降、居場所をタイトルに含む図書の出版数が増加し、年間で10冊を越えるようになる（図2-1）。この時期は「まちの居場所」が各地に同時多発的に開かれるようになった時期とも重なっており、本書で対象とする「ひがしまち街角広場」（2001年オープン）と、「実家の茶の間・紫竹」がモデルとする常設型地域の茶の間「うちの実家」（2003年オープン）が開かれたのもこの時期である。

2-2．居場所という言葉の意味

　近年頻繁に使われるようになった居場所にはどのような意味があるのかを明らかにするために、既往の文献において居場所がどのような意味で使われているかを整理する。

　藤竹（2000）は居場所を「自分が他人によって必要とされている場所であり、そこでは自分の資質や能力を社会的に発揮することができる」場所としての「社会的居場所」と、「自分であることをとり戻すことのできる場所」であり、そこにいると「安らぎを覚えたり、ほっとすることのできる場所」としての「人間的居場所」の2つに大別している。佐藤（2004）は、思春期の子どもの居場所条件として「ホットして安らげる空間」、「人と人との関係性が開かれていく空間」、「自分探しの学びが生まれる空間」の3つをあげている。このような居場所に関する記述を整理すると、概ね次の3つの意味にまとめることができる。

①ありのままの自分が受け入れられる

　藤竹 (2000) のいう「人間的居場所」、佐藤 (2004) のいう「ホットして安らげる空間」がこの意味の居場所に相当する。この他に、例えば次のような記述が見られる。

　「そこを居場所と呼べるということは、精神的な意味で、気取らずに生の自分を出すことができる、言葉をかえれば、言いたいことが言える場所と言っていいかもしれません。」(渋谷, 1999)

　「居場所というのは、大人にとっても、子どもにとっても同じ意味をもつ。基本的には、自分を受け容れてもらっている場所のことだ。……。では、自分を受け容れてもらう、とはどういうことなのか。それは、喜怒哀楽に共感してもらう、ということだ。受容されるということの核心は、共感なのである。」(岩月, 2000)

　「居場所とは、自分のことを気に掛けていてくれる人がいる場であり、ありのまま素のままの自分が受け入れてもらえる場である。」(野澤, 2005)

②自分の力が発揮できる

　藤竹 (2000) のいう「社会的居場所」がこの意味の居場所に相当する。この他に、例えば次のような記述が見られる。

　「〈居場所〉は、主に役割関係・人間関係のなかでの地位に関わっている。特定の役割を安定的に確保できている場合、〈居場所〉は確保されていると言える。」(藤田, 1996)

　「「社会に開かれた居場所」とは、社会的な認知・評価とともに自分自身でも他者からの見方や評価と一致している場である。職場や家庭などにおける居場所が典型的であろう。その人がそこに居ることを必要とされたり、自分の力を発揮し認められ社会的な認知を受けているといえる。」(三本松, 2000)

「社会的な「居場所」　自分の所属する集団の一員として能力を発揮し、認められている場合。」(富永ほか, 2003)

③世界を垣間みることができる

佐藤 (2004) のいう「人と人との関係性が開かれていく空間」、「自分探しの学びが生まれる空間」がこの意味の居場所に相当する。この他に、例えば次のような記述が見られる。

「子どもの参画や子どもの居場所を考えるうえで重要だと思うのは、内部では干渉し過ぎない緩やかな関わり、緩やかだが無視できるほどではないつながりが保障されていて、なおかつ外部とは希望すればつながりを持てるが、隠れていようと思えばそれも保障されているということである。」(筒井, 2004)

「居場所とは、常に社会と自分との関係を確認せずにはおれない現代という変動社会における、自分専用のアンテナショップ (新しい商品の売れ行きを確かめるために実験的に新商品を陳列し販売する店舗) のようなものである。」(田中, 2001b)

「学びながら働く体験をしたり、働きながら学び直してみながら「学校から社会へ」と渡っていくための中間施設としての居場所が必要になってきている。」(佐藤, 2004)

ありのままの自分が受け入れられること、自分の力が発揮できること、世界を垣間みることができること、このように居場所は広がりのある意味をもつ言葉として使われている。注目すべきは、上で引用した文章で「自分」という単語が多用されているように、いずれの意味においても、まず個人に焦点が当てられていることである。制度・施設においては教師、児童・生徒、医師、患者などのように、人は属性によってカテゴライズされ、特定の役割を担うことが期待される。制度・施設からもれ落ちたものをすくいあげようとする居場所が、人を属性によってカテゴライズされた集団の中の1人ではなく、かけがえのない個人であることを尊重するのは当然だと言える。けれどもさらに注目すべきは、居場所における個人は決して孤立した存在ではな

く、他者との関係において語られていることである。居場所とは、人が集団の中の1人ではなく、かけがえのない個人としてあること、けれども、その個人は決して他者と切り離されていないこと、言わば「個人として、孤立せずに」あるという関係性の豊かさを表現するために使われている言葉であり[2-4)、「まちの居場所」はその豊かな関係を実現するための具体的な空間を伴った試みである。

2-3. まちの居場所の可能性

　1980年代、「学校の外」(芹沢, 2003) として開かれたフリースクールやフリースペースといった居場所は、次第にその効果が認識されるようになり、行政も子どもの居場所を設置するようになる。2000頃から各地に同時多発的に開かれているコミュニティ・カフェ、地域の茶の間、まちの縁側、ふれあいの居場所、サロンなどの居場所は、その効果が認識されるようになり、「介護予防・日常生活支援総合事業」(新しい総合事業) においてはそれをモデルとした「通いの場」がサービスの1つとして盛り込まれた。居場所の歩みを振り返れば、子どもと高齢者の領域において生じた流れは共通していることに気づく。

　「まちの居場所」は、子どもが学校に行かない・行けないという状況、あるいは、ふらっと気軽に立ち寄りお茶を飲んだり、話をしたりできない状況というように制度・施設の枠組みでは十分に対応できなかった課題に直面し、それを乗り越えようとする人々によって草の根の動きとして同時多発的に開かれた。そして、その効果が広く認識されることで、「まちの居場所」自体が制度・施設の中に位置づけられ、行政によって普及が図られていく。こうした流れを、草の根の動きが制度・施設を動かしたと捉えることも可能である。しかし、前章で述べたように制度・施設化によって「まちの居場所」はその価値を持ち続けることができるのかは十分に考慮しなければならない。

　「まちの居場所」は確かに介護、生活支援、育児中の親の孤立防止、退職後の地域での暮らし、貧困などの様々な課題解決のために有用である。けれども「まちの居場所」がもつ可能性は、これらの課題を解決できるところにはない。繰り返しになるが、「個人として、孤立せずに」あるという豊かな関係性を、それぞれの「まち」の状況に応じたかたちで実現するところに

「まちの居場所」の可能性はある。この豊かな関係性が実現されるからこそ、上にあげた様々な課題が解決されていくのである。

　「まちの居場所」では「個人として、孤立せずに」あるという関係性を成立させるために、丁寧に作りあげられている。次章以降ではその具体的なあり方をみていくこととする。

第3章. 親と子の談話室・とぽす

□オープンの経緯

「親と子の談話室・とぽす」は教員の経験がある白根良子さんが50歳の時に開いた「子供だけでも入れる図書コーナー付きの喫茶店」である（表3-1）。住宅の中に町工場が点在する地域、東京都江戸川区の西一之江に開かれた場所では、前の通りは桜並木になっている（写真3-1～4）。各地に「まちの居場所」が開かれるようになったのが2000年頃であるのを考えると、1987年4月に開かれた「親と子の談話室・とぽす」は非常に早い時期に開かれた場所

（表3-1）「親と子の談話室・とぽす」基本情報

オープン		1987年04月14日
住所		東京都江戸川区西一之江
運営日時	運営日時	月～金曜　11時～18時頃（火曜は13時まで）
	定休日	第1以外の土曜、日曜、祝日
メニュー	カフェ	コーヒー（450円）、紅茶（500円）
	昼食	日替わりランチ（飲物付き）（900円）
主な行事		・生と死を考える会：第4月曜、19時～ ・とぽす響きの会：第3木曜、19時～ ・絵手紙教室：水曜・木曜、14時～ ・俳句の会：第2木曜、14時～ ・ヤングタイムサービス：水曜、14時～ ・歌と語りの夕べ：第4金曜、19時～ ・シネマ・クラブの会：第1土曜、15時～ ・「とぽす」とその仲間展：毎年1回 ・教育／子育て／思春期／こころの病の相談：随時（予約制）
運営主体		白根さん夫妻（個人）
運営体制		白根さんが1人で運営
建物	建物	白根さん夫妻の自宅がある敷地に新築（白根さん夫妻の自己所有）
	延床面積	約65㎡

だと言える。「とぽす」（ΤΟΠΟΣ）の名前は、クリスチャンの白根さん夫妻が聖書の中から選んだ「とても居心地のいい、平安な場所」という意味が込められたギリシア語からつけられた。

「親と子の談話室・とぽす」が開かれた当時は校則が厳しく、子どもたちは学校帰りに友だちと道端で立ち話をすることすら禁止されていた。子どもたちは両親と学校の先生という、自分と「利害関係のある大人」だけとしか接していない状況であり、「もっと色んな仕事を持っている大人に出会わなきゃ、自分が何になりたいかわかりやしないじゃないかって思った」［2005-01-13］と白根さんは当時を振り返る。自身も6人の子育てをしながら、地域の子どもたちの姿を眺めていた白根さんは、思春期の子どもたちにはゆっくりできる場所、様々な大人と接することのできる場所が必要だと感じるようになり、そのような場所が地域にないなら自分で作ってしまおうと思い立ったという。

ただし、白根さんが考えたのは思春期の子どもだけを対象にする場所では

（写真3-1）親と子の談話室・とぽす

（写真3-2）親と子の談話室・とぽす

（写真3-3）店内の様子

（写真3-4）店内の様子

なかった。「大人の私が1人で子どもに関わるっていうことよりも、ここに来る大人たちが子どもにそれぞれの立場で関わって欲しい、その方が豊かになるんじゃないか」[2005-01-13]。思春期の子どもだけでなく、誰もが気軽に入れる場所にするために白根さんが考えたのは、喫茶店として場所を開くことであった。「大人とのコミュニケーションの場と、それから、子どもも横の同年齢の子どものつきあいじゃなくて異年齢のつきあい、しかも、日本人だけじゃないって言うかな、色んな国籍の違う人。それからこういうところだったら障がいのある子も来るしね、そういう障がいのある人たち、自分が現実には見たこともないような人とのおつきあい、そういうのもできるんじゃないかなと思って喫茶店っていうのにしたんですね」[2005-01-13]。しかし校則で道端での立ち話すら禁止されていた当時は、子ども同士で喫茶店に入ることは当然認められていなかった。白根さんは、事故や事件が起きたら自分が責任をもつと学校・教育委員会と交渉し、学校公認の「子供だけでも入れる図書コーナー付きの喫茶店」として開かれたのが「親と子の談話室・とぽす」であり、子どもも出入りするため禁煙・禁酒とされている。また、子どもたちに店を開放する時間帯として水曜と土曜の午後に「ヤングタイム」がもうけられた[3-1]。

「親と子の談話室・とぽす」でオープン当初から現在に至るまでずっと大切にされてきたのが、「年齢、性別、国籍、所属、障害の有無、宗教、文化等、人とのつきあいの中で感じる「壁」を意識的に取り払い、より良いお付き合いの場所」[3-2]にすることであり、白根さんはこれを「新しいコミュニケーション」と表現している[3-3]。

□運営の概要

「親と子の談話室・とぽす」は週に4〜5日、11時〜18時頃まで運営されており、食事と飲物が提供されている（写真3-5）。現在提供されているのは昼食のみだが、朝食や夕食が提供されていた時期もある。

「親と子の談話室・とぽす」は喫茶店として運営されているが、自身の個展を開く白根さんが講師となる絵手紙教室（写真3-6〜8）をはじめ、俳句の会、シネマ・クラブの会、歌と語りの夕べ、「精神の病をもつ人たちとのコミュニケーションを通じて、その病を理解し、その病に苦しむ人を支え、自らも

支えられて共に生きること」[3-4] を目指す「とぽす響きの会」などの集まりが開かれる時間帯もある (写真3-9)。

年に1度は、江戸川区内の会場を借りて展示会が開催されている (写真3-10～12)。展示会には白根さん、絵手紙教室の参加者、「親と子の談話室・とぽす」がきっかけで出会ったアーティストらが作品を出展しており、例えば、2011年7月に開かれた第18回「とぽすとその仲間展」には91人から184点の「油彩画」、「顔彩画」、「写真」、「陶」、「手工芸」などの作品が出展されている[3-5]。

□来訪者

オープンした当初、「親と子の談話室・とぽす」は「子どもが中心で、そこに大人が周りから囲んで優しく見守るところだった」[2005-02-19]。訪れた思春期の子どもたちは、友人や居合わせた大人と話をしたり、ノートに言葉や絵を書いたりして過ごしていた (写真3-13)。

(写真3-5) 入口の扉に掲示されたメニュー

(写真3-6) 絵手紙教室

(写真3-7) 絵手紙教室

(写真3-8) 絵手紙教室で描かれた作品

1995年頃、思春期の子どもたちが来なくなった。学校が週休2日になり、土曜の分のしわ寄せが平日にいったこと、部活や塾で忙しくなったことが理由ではないか［2005-01-13］と白根さんは話す。その頃、来るようになったのが不登校の子どもたちである。不登校がまだ十分に認知されていなかった当時、親は子どもを「近所の手前、鞄背負って出さざるを得ない」状況であり、「学校に行かずに「とぽす」に来て、「学校に行ったよ」って言って帰る子」［2005-01-13］がいたという*3-6)。

　次に来るようになったのが心の病を抱える人であり、「とぽす響きの会」も立ち上げられたが、最近では「とぽす響きの会」に来る人も減ってきたという。「ここ5年ぐらい、精神の患者さんたちと、身体障がいの方と、知的障がいの方が1つの福祉の中に入って、彼らにサービスをしましょうっていう政策が進められてる。だから精神の患者さんの所に知的障がいの方が来たり、知的障がいの方の所に精神を患ってる方が行ったりして。そのようなデイサービスや共同作業所が増えてきたんですね。だから精神の患者さんたち

(写真3-9)「とぽす」で行われている活動

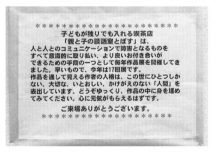

(写真3-10)「とぽす」とその仲間展の案内

(写真3-11)「とぽす」とその仲間展

(写真3-12)「とぽす」とその仲間展

もそういう所に行けるようになった。そうすると、昼間はそこに行って疲れちゃうから、夜の「とぽす響きの会」に来なくなりましたね」[2016-03-10]*3-7)。参加者は減少したが「とぽす響きの会」は今でも続けられている。白根さんは「とぽす響きの会」に来る人について、「私と1対1で話をするのが好きな人がいるんです。「誰々さん来ますか？」って電話があるんですね。「今日は誰も来ません」って言うと「じゃあ、僕行きます」って。だから「〔とぽす響きの会は〕1人でも、2人でもいつもやりますよ」って言ってる。それは続けてますね。3人になったり、2人になったり、誰も来ない時もあります。来る人にとっては、自分が行かなくても、ここでやってることが心強いんです。「ああいう場所があるんだなって、今日は行けないけど」って。だからやめられません」[2016-03-10]と話す。

30年近くの運営を振り返れば、思春期の子ども、不登校の子ども、心の病を抱える人にとっての居場所の必要性が広く認識される前の段階において、「親と子の談話室・とぽす」は彼らにとっての居場所になってきたことがわかる。既存の制度・施設の枠組みでは上手く対応されない人々にとっての居場所になってきたことは、「親と子の談話室・とぽす」がオープン以来担い続けてきた大切な役割である。

最近の来訪者の中心は中高年の女性だが、学校帰りの子どもたちが水を飲みに立ち寄ったり（写真3-14）、子どもの頃来ていた人が、大人になってから来たりすることもある。

「親と子の談話室・とぽす」には1人でやってくる人が多い。「お客さんがたくさんいると入って来ない人がいるんですよ。……。大勢だと「さっき

（写真 3-13）子どもの言葉・絵が書かれたノート

（写真 3-14）学校帰りに立ち寄る子どもたち

は「とぽす」らしくなかったね」とか言って、そっと誰もいない時に入って来る方が多い。……。だから、「ここは誰にも教えたくない場所なんだ」っていうのが「とぽす」らしいかなと思います。みなさんは「とぽす」を一人でゆっくりしたいという居場所として位置づけてらっしゃいます」[2005-09-01]、「どんなところでも大勢来なきゃいけないってわけじゃないし、やっぱり利用者がチョイスできるような、自分で選べるような場所がたくさんあって、「今日はこっち」、「明日はこっち」っていうね、そういうのもあっていいと思うんだよね。人はいつも同じ気持ちではいないんだから」[2005-04-22]と白根さんは話す。来訪者が1人の日もあるということだが、来訪者を無理に増やすのではなく、少人数だからこそ実現できる場所にすることが意識されている。

　「ここなんかは、来ない隠れファンっていうのがいるんですよ。電気がついてるだけで安心するっていうね」[2005-04-22]、「休む時があるでしょ。そうすると電話がかかってくるんですよ。「あそこの前通ったのに休みだった」ってね。「夜もあそこ通ったら電気がついてなかった、どうしたの？」って。本人は来るかって言えば来ないんですよ。でも、ここがあるっていうことがすごい安心なんだって」[2005-02-19]。白根さんがこう話すように、中には入って来ないが照明がついていることで安心してくれる人もいる。

□建物
　「親と子の談話室・とぽす」は白根さん夫妻の自宅がある土地に新築された建物の2階で運営されている。当時、その土地には白根さんの夫である喜代志さんの工場があった。建物の建設費用は工場を経営する喜代志さんの会社が負担するかたちで、工場の食堂という位置づけで建設された。

　「親と子の談話室・とぽす」の空間は白根さんの考えが大きく反映されたものになっている。白根さんは自身の子育てを通して感じていた、思春期の子どもを取り巻く状況を知り合いの設計者に話をしたという。これがオープンに向けての大きな一歩になる。

　「お互いが人格を認め合うこと、そして国籍や生まれつきの障がい、それから男女の差とか、国籍の違いとか、そういうものを全て取り払った、とても自由なコミュニケーションがしたいなということ、とてもゆったりとした

場所であること、そんなことを、私の知り合いの建築士に話をしたのです」、「そしたら私がまだやるかやらないか決めていないうちにですね、設計図を描いてまいりました。……。私の夢のような話を「あぁそうだね、そういう場所があったらばいいね、いいね、いいね」と、私の気持ちを汲み取ってくださいまして、設計図を描いて来たのです。私と夫は、「もう設計図ができてきちゃったよ。これじゃやらなきゃいけないかな」っていう気持ちになっちゃったというのが事実なんですね [2005-09-01]。

　空間の中心には厨房があるが、これも白根さんの話を聞いた設計者の提案である。「厨房にいる私が中心になって、みんなを温かく見守って。私もあんまり口は出したくない、「いらっしゃいませ」ぐらいにしてゆったり過ごしてもらえる。厨房があって、そこからこう見渡せるような」[2005-08-31]と白根さんは話す。大きさ、高さの異なるテーブルを置くことも設計者が提案したものである。「今日はちょっとみんなとしゃべりたいから、本を読みたいからっていえば広い所とかね。だから、全部テーブルは高さも違うんです。丸いテーブルもあれば、長いテーブルもあれば、四角いのもあれば、ちょっと低いこのぐらいのテーブルもある」[2005-08-31]、「「ここ選んで損したな」って思うような場所じゃなく、「ここもいい、あそこもいい、今度来たらあそこに座ろう」っていうような、そういうふうにしましょう」[2005-08-31]と設計者から提案があったという（図3-1）。

　□運営体制

　「親と子の談話室・とぽす」をオープンするにあたって、白根さん夫妻は教会支部の協力を得て運営する可能性も考えたが、最終的には個人として運営することにされた。その理由を白根さんの夫である喜代志さんは「いつも同じメンバーが教会支部の組織を作ってるわけではないですから、……、ここがあるために教会が不協和音なったらおかしいわけですよね。そういうことがあって個人で始めたんですね。そういう意味では何の報告義務もないし、誰にも気兼ねしないでいいし。その代わり我々みたいに個人だとできることは限られるし、資金もそんなあるわけではないし。組織とか行政とかがやれば大きなことやれますし。……。みんなが集まらなければできないこともあるし、みんなが集まっちゃうとできないこともあるし、色んなとこが

あってもいいのかなと思うんですね」[2005-02-19]と話す。

　オープンから現在まで、日々の運営を担ってきたのは白根さんである。白根さんは飲物や食事の提供、来訪者への対応、「絵手紙教室」の講師など全てを行うが、忙しい時には来訪者が飲物や食事を運ぶのを手伝ってくれることもある。以前、パートを雇用していた時期もあるが、やって来た人が「今日はあなたなのっていう顔で帰っちゃう」[2005-02-19]ことあったと白根さんは話す。

　白根さんは、中学校で音楽の教員を務めた後、神学校に入学し直すという経歴をもつ。自身の子育てを通した経験が「親と子の談話室・とぽす」を開くきっかけになったことは既に述べた通りだが、「自分の子どもの成長やら、周りの子どもたちの環境を眺めました時に、私が教員の時に持っていた、教員という立場を取り払った自分として子どもたちと向き合いたいという気持ちをもう一度持ちまして、この談話室をつくったわけです」[2005-09-01]というように、教員時代の経験も「親と子の談話室・とぽす」を開くきっかけの1つである。白根さんは「親と子の談話室・とぽす」をオープンした後も、

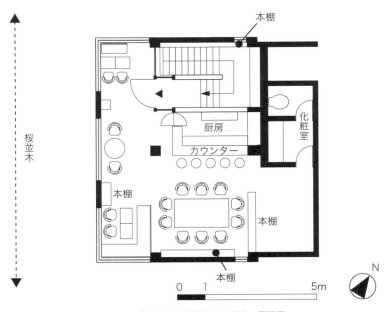

(図3-1)「親と子の談話室・とぽす」平面図

第3章. 親と子の談話室・とぽす　　39

PTAでコーラスを教えたり、学校評議員を務めたりするなど地域の学校との関わりをもっている。

「親と子の談話室・とぽす」の主な収入は飲物、食事の売上げと、絵手紙教室、シネマ・クラブの会、歌と語りの夕べなどの活動の1,000円程度の参加費である[3-8]。これらの収入がカフェの食材費、水道光熱費に充てられている。

「親と子の談話室・とぽす」は白根さん夫妻の自宅がある敷地にあり、白根さん夫妻や家族も食事をすることがあるため、食事に関する食材費は、家族の食費として白根さん夫妻が個人として負担している。

運営資金は決して十分ではないが、補助金をもらうことは一度も考えられたことがない。「確かにお金をたくさんいただければ、その分、来ていただく方たちにもっともっといいサービスがきるかなと思うんだけど。……。だけど、「これはいけない、あれはいけない」とかね、「こうしろ、ああしろ」って言われたらね、やったあれがないなって、夢も何もなくなっちゃうなって」[2005-02-19]、「そういうお金っていうのはやっぱり、ちゃんと報告をしないといけないですよね、何に使ったかっていうことに対してね。……。〔私はきちんと報告を〕やれる人じゃないんですよ。だから、それを考えただけで気持ちが重くなって」[2016-03-10]。「親と子の談話室・とぽす」では来訪者が少ないからこそ実現できることが目指されているが、こうした運営が可能なのは、補助金をもらっていないため、来訪者の人数を成果として主張する必要がないという理由もある。

「とぽす響きの会」を独立させ、NPO法人化するという話もあったが、「何かそんなことやったらすぐ決まらないなと思ったの。やりたいことをぱっとね。だからそれはやめて」[2016-03-10]というように、「とぽす響きの会」がNPO法人化されることはなかった。

補助金を受けると活動に縛りが生じたり、報告の義務が生じたりする。組織化すると、やりたいことが出てきた時に即座に動けなくなる。白根さんのこうした意志に基づいて、「親と子の談話室・とぽす」は補助金を受けることも、法人化することもなく、白根さん夫妻が個人で運営するお店として継続されている。

ただし、補助金を受けていないことは行政や他の機関と全く関わらずに運

営されていることを意味するわけではない。オープン時には学校や教育委員会と交渉し、学校公認の「子供だけでも入れる図書コーナー付きの喫茶店」として開かれており、その後も白根さんは近くにある小学校と中学校には、校長先生が代わる度に「親と子の談話室・とぽす」の資料を持参している。また、保健所と連携して心の病を抱えた人に対して利用できるサービスを紹介する窓口としての役割も担っている。

□大切にされていること
「親と子の談話室・とぽす」では「年齢、性別、国籍、所属、障害の有無、宗教、文化等、人とのつきあいの中で感じる「壁」を意識的に取り払い、より良いお付き合いの場所」*3-9) が目指されおり、これを実現するために様々なことが意識されている。

やって来る人々に対して、白根さんは、先生や医者としてではなく「何でもない普通の街に住むおばさん」として関わることを意識されている。「私は、医者でもないし、保健師でもないし、何でもない普通の街に住むおばさんなんですけど、そういう人の方がかえってね、あの、子どもも安心だし、精神の病を病む人も安心みたいですね。何話してもいい、みたいな」[2005-09-01]。こうした立場を、白根さんは「無彩色な立場」と表現する。

誰もが平等であることを目指す「親と子の談話室・とぽす」では、一方的に支援する／支援されるという関係を作らないことが意識されている。例えば、心の病を抱える人からも、他の人と区別せず500円のコーヒー代をいただくと白根さんは話す。「「ごめんね、うちのコーヒー代高いんだけど、あなたたちは安くすると差別になると思うからね、500円貯まったら来てね」って言うの。そしたら「はい、わかりました」って言って来るんですよ」、「差別になると思うから、500円集めたら来てねって言う。それがやっぱり生活支援っていうか体験になるんだね。ここだけじゃなくて、どこか行きたい、映画を観たい、何かしたいって自分の生活の中でお金を貯めておくことが、私たちには易しいことだけど、彼らには難しい。その難しいところを少しずつやっていく。私に言われてそれもやる。そういうのが、何かいいのかなと」[2016-03-10]と白根さんが話すように、「親と子の談話室・とぽす」に行ってコーヒーを飲もうと考え、お金の使い方を考えたり貯金したりするこ

とも、心の病を抱える人々が社会生活を送っていくための訓練になると考えられてのことである。

　「親と子の談話室・とぽす」の中で話したことは、他の場所で噂話にしないことも大切にされている。「色んなこと、嫌なことも話すけど、それが噂話にならないような場所。家のような場所って言ったらいいかな。……。やっぱり家の人って、家の恥を話さないよね。だから安心して話せるじゃない」[2016-03-10]。決して噂話にはしないが、「親と子の談話室・とぽす」を理解してくれている人には、「この体験を一緒に共有して、話してもらえればいいかな」[2016-03-10] と考え、人を紹介することもあるという。情報を広く発信するのではなく、人を見て話をすることで、人々の関係を築いていくことが意識されている。

　「親と子の談話室・とぽす」では何でも話せる場所にすることが大切にされているが、訪れた人は決して無理に会話に参加したり、活動に参加したりすることが求められるわけではない。「例えば家族なんてそうでしょ。何かあった時に、「ヘルプ」って言った時にはぱっと飛び出せるっていうか。だけどもいつもいつも「大丈夫、大丈夫、大丈夫？」って聞いてたら、それこそあれよね。お互いにそれぞれが自分のところに座ってて、誰からも見張られ感がなく、ゆっくりしてられるっていう。だけども、「何か困った時があったよね」って言った時には側にいてくれるっていう、そういう空間って必要だなぁと思ってね」[2005-02-19]。「孤立しないでいられる空間。だけど他人から介入されないで、安心していられる空間。そっちにぽつんと１人で座っていても、みんながいるから安心だ。だけど、こっちにいるみんなは自分を侵害しないよっていう場所。その条件がひとつでしたね」[2006-09-06]。訪れた人が好きな場所を選べるようにと考えられた大きさや形の違うテーブル (写真3-15 ～ 17)、通りの桜が見渡せる大きな窓 (写真3-18) はこうした思いを受けたものである (田中, 2009)。

　「親と子の談話室・とぽす」には多くの本が並べられている (写真3-19, 20)。これは、自分自身が１人で喫茶店に入るのが好きでなかったという白根さんの考えによるものである。「喫茶店で自分の本開いて読んでる時、「いつまでこの人読んでるの？」なんて思われちゃうと嫌だなって思うじゃない。だけど、ここに本があれば、「ここの本を読んでもいいんだよ」って言えば、自分

の本でも読んでいいのかなって思う発想になるじゃない」[2005-04-22]。

　訪れた人々は、それぞれの席で話をしたり、お茶を飲んだり、本を読んだり、外の景色を眺めながら思い思いに過ごす。「例えばここでお話してると、〔他のテーブルの人は〕大きな声でしゃべったりはしないですね。ちょっと何か大切なお話をしてるみたいという気配を感じると、向こうもそれにあわせて静かになってくれる、何かそういうところがあるのね」[2005-04-22]。このような状況を白根さんは「空気がまわる」と表現する。

（写真 3-15）大小様々なテーブル

（写真 3-16）大小様々なテーブル

（写真 3-17）通りの桜が見渡せる大きな窓

（写真 3-18）通りの桜が見渡せる大きな窓

（写真 3-19）店内には多くの本が並ぶ

（写真 3-20）階段にもうけられた本棚

第3章．親と子の談話室・とぽす　　43

□活動の変化・展開

　30年近くの運営を通して、「親と子の談話室・とぽす」で行われている活動は変化している（表3-2）。注目すべきは、これらの活動はいずれも訪れた人々との出会いによって立ち上げられたものだという点である。「とぽす響きの会」は心の病を抱える人々が訪れるようになったことがきっかけで始められた集まりであり、「「精神の病をもつ人たちとのコミュニケーションを通じて、その病を理解し、その病に苦しむ人を支え、自らも支えられて共に生きること」*3-10) が目的とされている。「とぽす響きの会」は1997年4月に第

（表 3-2）「親と子の談話室・とぽす」で行われている活動の変遷

時期	1990年	2000年12月	2002年3月	2004年4月	2006年5月	2008年5月	2010年10月	2012年12月
とぽすコーラス	第1・3月 20時～	第1・3月 20時～						
聖書を読む会	第2火 20時～	金 19時～			第1土 14時～	第1土 14時～	第1土 14時～	
生と死を考える会	第2土 19時～	第4月 19時～	第4木 19時～	第4木 19時～	第4月 19時～	第4月 19時～	第4月 19時～	第4月 19時～
とぽす読書会	第4月 19時～							
ヤングタイムサービス	水・土 14時～	水・土 14時～	水・土 14時～	水・土 14時～	水・土 14時～	水・土 14時～	水・土 14時～	水 14時～
英会話教室		火 20時～						
絵手紙教室		水・木 14時～	水・木 14時～	水・木 14時～	水・木 14時～	水・木 14時～	水・木 14時～	水・木 14時～
とぽす響きの会		第3木 19時～	第3木 19時～	第3木 19時～	第3木 19時～	第3木 19時～	第3木 19時～	第3木 19時～
あっちこっちの会			第1・3月 15時～					
語り合いの集い				第1月 14時～				
俳句の会								第2木 14時～
歌と語りの夕べ								第4金 19時～
シネマ・クラブの会								第4金 19時～
教育／子育て／思春期の相談		随時 （予約制）	随時 （予約制）					
教育／子育て／思春期／こころの病の相談				随時 （予約制）	随時 （予約制）	随時 （予約制）	随時 （予約制）	随時 （予約制）
「とぽす」花の絵展			5月	5月	5月	5月		
「とぽす」とその仲間展			9月	9月	9月	9月	年1回	年1回

※『とぽす通信』をもとに作成。
※絵手紙教室は開催されている時間帯の中で、自分の都合のよい時間に参加するかたちで行われている。
※「あっちこっちの会」は、10～30代の心の病を抱える人同士の語り合いの会である。

1回目が開かれてから、毎月定期的に集まりが開かれており、年に1〜2度は講師や演奏者として様々な人々を招いた「大会」として開かれている（表3-3）。絵手紙教室は最初は外部からの講師を招いて開かれていたが、参加していた人から続けたいという要望があったため、その後は白根さん自身が講師となり継続されている。1994年から開かれている「とぽすとその仲間展」は、「親と子の談話室・とぽす」を訪れた1人の青年との出会いをきっかけとして始められた。

　30年近くの運営を経ても、新たな活動が生まれていることも注目すべきである。2009年から「歌と語りの夕べ」、2012年から「シネマ・クラブの会」など近年でも新たな活動が立ち上げられている。さらに、白根さんはこれから立ち上げたい活動も思い描いており、「障がいをもってる方たちのアートを世に出す仕組み、しかもそれが売れるアートになる。そして彼らにそれを還元する。そういう場を作りたいなっていうのが夢ですね」[2016-03-10]と話す。

　繰り返しとなるが、これらの活動はいずれもオープン当初から計画されていたものではなく、やって来た様々な人々との出会いによって生まれたものである。白根さんは「ここは喫茶店なので人との出会いがその流れをつくっていっているんですよ。人との出会いがつくっていってるので、「ちょっと待って」とは絶対私は言えない。「そういう要求ならそれもやりましょうね」っていうかたちで、だんだん渦巻きが広くなっちゃうって言うかな。もちろん、中心は子どもっていうことは常に頭にあるんですけど。……。だから人がここを動かしていって、変容させていって。しかも悪く変容させていくんじゃなくて、いいように変えていってくれてると思ってます」[2005-02-19]と話す。

□今後に向けた展望・課題

　30年近くに及ぶ運営を通して来訪者は変化し、行われる活動も変化している。しかし、内装や家具はオープン当初からほとんど変えられていない。「もう最初から同じ。それが私のひとつのやっぱりね、永久にじゃないけど、変わらない、壁も何も全部変えない、それが私のやり方のなかのひとつだったんですよね」[2005-04-22]、「変わらない場所があり、そしていつ行っても

同じような空気が流れている、そういう場所をつくろうと思って建てたんです」[2005-02-19]。

　オープン当初から変わらない内装や家具、本棚に並べられた様々な年代の本からは、「親と子の談話室・とぽす」が30年近くにわたって地域に開かれて続けてきた歴史の蓄積を感じることができる。子どもの頃遊びに来ていた人が、大人になって子どもを連れて再びにやって来ることがあるという。そういう時、「「うわぁ昔と同じね、おばさん」、それ言われるのが快感なんですよ。そういう場所って今ないじゃないですか」[2005-04-22]と白根さんは話す。

　30年近く運営を続けることができた理由について、白根さんは「人との

（表3-3）「とぽす響きの会」の大会

回	年	月	テーマ	講師・演奏者	当時の肩書き
1	1997	4	「精神を病む」ということの精神科医の考え方——精神病を理解するために	浅野誠	千葉県精神医療センター診療部長
8	1997	10	「患者さんから受けたもの、教えてもらったこと」——音楽療法士として	吉田明日香	全日本音楽療法連盟認定音楽療法士
14	1998	4	「人はなぜ心を病むのか」——精神の病とのつきあい方	浅野誠	千葉県精神医療センター診療部長
19	1998	9	新宿路上生活者との交流から見えるもの	恩田美代子	「新宿・路上つうしん」発行人
22	1998	12	「自立と他立」——当事者の立場からの支援活動者として	荻原修	「地域生活支援センター・さの」職員、佐野市地域精神保健福祉コミュニティー誌「ブローニュの森」編集人
27	1999	5	精神に障害のある方が地域でいきいきと暮らすために	伊勢田尭	都立多摩総合精神保健福祉センターリハビリテーション部長・医学博士
38	2000	4	水との出会い、人との出会い	鈴木螢子	水の写真家
46	2000	12	精神の病を持つ人の自立について	伊野波ひで子	コミュニティ・ケア・スペース「めぐハウス」設立者、コミュニティ・ナース、精神保健福祉士、北里大学看護学部非常勤講師
50	2001	4	ビデオ上映「ベテルの家」その2	四宮鉄雄	監督・構成・編集者
60	2002	3	新しい〈心の病気の考え方〉	浅野誠	千葉県精神医療センター診療部長
70	2003	4	「SAPATOS」ボサノヴァの夕べ	木村純三四郎	ギター／サックス
91	2004	12	クリスマスキャロルを聴きながら3分間メッセージ大会		
103	2005	15	木村純さん（ギター）と鈴木厚志さん（ピアノ）によるクリスマスの集い	木村純鈴木厚志	ギター／ピアノ
122	2007	6	SAPATOSを聴きながら体験発表会	木村純三四郎	ギター／サックス
128	2007	12	ハーモニカ演奏と3分間メッセージ	水野谷躬行	ハーモニカ
131	2008	7	「ことば」はエネルギー	高森信子	SST講師

※『とぽす通信』をもとに作成。
※「とぽす響きの会」の大会は2009年以降も開催されている。

つながりがほんとに大切だな、ありがたいたなと思えるから、私は続けて
これたと思う」、「お金だけが問題ではなくて、やっぱりそこに来る人とのつ
ながりがいかに美しいか、自分にとって宝物かっていうことかな」[2016-03-
10]と話す。

　「誰にでもできると思うのね、やりたい気持ちがあれば。だけど、その人
なりのものしかできないんですよね。できないって言うとおかしいけど、そ
の人だからできるものっていうのが、それぞれにあると思います」[2005-04-
22]。いずれ自分が運営できなくなる日はくるが、後を継ぐ人がビジョンさえ
受け継いでくれるなら、運営のあり方は今と同じでなくてもいいと白根さん
は話す。「自分が自由に発言できる、意識的に障がいを取り払ってコミュニ
ケーションをする場っていう、そのスタンスだけが変わらなければいいなと
思いますね。〔私が〕ご飯が作れなくなったら、ご飯は出さなくてもいいし
ね。お茶ぐらいは飲めるような場所っていうかたちでもいいしね。だから人
と人が出会う場所、そのために、これだけは守って欲しいというね、それだ
けは守れればいいかなと思ってる」[2016-03-10]。ビジョンを大切にし続け
てきた白根さんは、「私が「とぽす」をやったっていうことは、こういうこ
となのか」みたいなものを、私がいなくなっちゃっても、開けば「とぽす」
の思い出がよみがえってくるとか、何かそんなものをね、残したいなと思っ
てますね、最後にはね」[2005-01-13]とも話している。そして、自身の後継
者については「私がもう働けなくなったら、誰か出てくるんじゃないかなぁ
と思うね。うちの子ども6人いますから。女の子5人、誰かやれるかなと思
う」[2016-03-10]。

　白根さんは、自身の家族について「今に至るまで、またこれからもずっと、
「とぽす」の活動に参加し、協力してくれることと思います。何もない時は、
それぞればらばらに過ごしていても、誰かがヘルプサインを出すと、さっと
集まる"ひらかれた心たち"」(白根, 2001)と述べている。これは、先に紹介
した「親と子の談話室・とぽす」における白根さんの来訪者への関わり方に
も通じている。「例えば家族なんてそうでしょ。何かあった時に、「ヘルプ」
って言った時にはぱっと飛び出せるっていうか。だけどもいつもいつも「大
丈夫、大丈夫、大丈夫?」って聞いてたら、それこそあれよね。お互いにそ
れぞれが自分のところに座ってて、誰からも見張られ感がなく、ゆっくり

第3章. 親と子の談話室・とぽす　47

してられるっていう。だけども、「何か困った時があったよね」って言った時には側にいてくれるっていう、そういう空間って必要だなぁと思ってね」〔2005-02-19〕。

　白根さんのいう家族とは、閉ざされたものではなく、たとえ違う場所で暮らしていても困った時には側にいる、集まる開かれたものである。「住み開き」という言葉を提唱するアサダ（2012）は、「住み開き」をしている人々について「お金に還元されない役割としての自らの社会活動を展開し、他者と他者を繋ぎなおしている人たちもたくさん存在する。そういった人たちが語り合う場は、もてなす側／もてなされる側といった関係性を超えて、フラットなコミュニケーションの回路が生まれる空間となって、現に存在しているのだ」と述べている。そして、「住み開き」の共通点として「無理せず自分のできる範囲で自分の好きなことをきっかけにちょっとだけ開いていること。これは公共施設や商売のためのお店ではなかなかできないことだ。また同時に昭和初期の地域コミュニティにあるような開きっぱなしというのともちょっと違う。とにかく「私」があらゆる条件の核になる。しかしただのエゴではない。個人宅をちょっとだけ開くことで小さなコミュニティが生まれ、自分の仕事や趣味の活動が他者へと自然にかつ確実に共有されていくのだ。そこでは無論、金の縁ではなく、血縁でもなく、もはや地縁でも会社の縁でもない、それらが有機的に絡み合う「第三の縁」が結ばれるのだ」と述べている。アサダによる「住み開き」の説明は、「親と子の談話室・とぽす」において白根さん夫妻が30年近くにわたって続けてきたことと重なっている。

　「親と子の談話室・とぽす」は白根さん夫妻の自宅がある敷地に建設された場所である。住宅自体が開かれているわけではないが、「住み開き」という言葉が生まれるはるか以前から、「住み開き」を先駆的に行ってきた場所だと言ってよい。このように考えると、「親と子の談話室・とぽす」の試みは住宅とは何か、家族とは何かという問い直しにまでつながっていく。

第4章. ひがしまち街角広場

□**オープンの経緯**

「ひがしまち街角広場」は2001年9月30日のオープンから15年以上、千里ニュータウンの近隣センターの空き店舗を活用し、住民ボランティアによって運営され続けてきた場所である（表4-1, 写真4-1, 2）。今では空き店舗を活用して運営されている「まちの居場所」は珍しくないが、「ひがしまち街角広場」は空き店舗を活用した「まちの居場所」のパイオニアの1つだと言ってよい。

千里ニュータウンは大阪府吹田市と豊中市にまたがる千里丘陵に開発された日本で最初の大規模ニュータウンで、吹田市域に8住区、豊中市域に4住

(表4-1)「ひがしまち街角広場」基本情報

オープン		2001年09月30日
住所		大阪府豊中市新千里東町
運営日時	運営日時	11時〜16時
	定休日	第4土曜、日曜、祝日
メニュー	カフェ	コーヒー、紅茶、カルピスなど（100円）
	昼食	食事は提供していない
主な行事		・周年記念行事：毎年10月 ・陶器とりかえ隊：月曜、11〜16時（主催：赤ちゃんからのESDとよなか） ・歌声喫茶：第1日曜、13時30分〜15時30分（主催：ウクレレハーモニー）
運営主体		ひがしまち街角広場運営委員会（任意団体）
運営体制		約20名が2名ずつボランティアで運営
建物	建物	近隣センターの空き店舗を活用（有償で賃貸）
	面積	約75㎡（裏の倉庫を含む）
備考		2006年5月に近隣センターの他の空き店舗から移転。移転前の面積は約30㎡

区、計12住区が開発された。1962年に吹田市域の佐竹台から入居が始まり、「ひがしまち街角広場」のある豊中市域の新千里東町は1966年から入居が始まった。住民の高齢化、建物の老朽化などの側面が注目されオールドタウンと呼ばれることもあるが、既に半世紀以上の歴史をもつ千里には、豊かな暮らしと多様な活動の蓄積がある（田中,2013）。

　ペリー（1975）の近隣住区論に基づいて計画された千里ニュータウンにおいて、各住区の中心となるのが近隣センターである（写真4-3, 4）。近隣センターには住区の人々が歩いて日常生活を送れるように、日用品を扱うお店や公衆浴場、集会所などがもうけられたが、車社会化の進展や、集合住宅における住戸内の風呂場の増築という生活環境の変化に伴い、次第に空き店舗が目立つようになった。

　2000年、新千里東町が建設省（現・国土交通省）の「歩いて暮らせる街づくり事業」のモデルプロジェクト地区に選定された。この事業では住民へのアンケート、ヒアリング、3回のワークショップが開催され、これらをふまえて、住民組織代表、行政、学識経験者による検討委員会、懇談会において「①多世代居住のための多様な住宅を」、「②学校をコミュニティの場へ」、「③近隣センターを生活サービス・交流拠点へ」、「④千里中央を地域の生活・文化拠点へ」、「⑤公園を緑の交流拠点へ」、「⑥緑道を出会いのある交流空間に育てよう」、「⑦交流とまちづくりのための場と仕組みを育てよう」の「7つのまちづくり提案」と、特に②、③、⑥については社会実験として取り組むことが提案された（山本ほか, 2001）。

　この提案を受けて、豊中市の社会実験としてスタートしたのが「ひがしま

（写真4-1）ひがしまち街角広場

（写真4-2）ひがしまち街角広場

ち街角広場」である（写真4-5, 6）。

　千里ニュータウンは日本で最初の大規模ニュータウンとして専門家、研究者、行政から常に注目されてきた町であり、多数の調査が行われてきた。新千里東町で「歩いて暮らせる街づくり事業」が行われるにあたっては、住民から行政や研究者に、今まで多くの調査に協力してきたが、協力した結果が何も地域に還元されてこなかった。今回はそのようなことがないようにして欲しいと伝えられた。「歩いて暮らせる街づくり事業」が、「ひがしまち街角広場」という具体的なかたちで実現した背景には、このような住民の思いもある。

　「ひがしまち街角広場」のオープンに向けて、2001年9月10日、自治会連絡協議会、公民分館、校区社会福祉協議会、地域防犯協会の各組織の代表者らによる発起人会が設立され、実行委員会の構成、運営方法、実行委員会への参加の呼びかけ方法などについて検討された。そして、実行委員会が立ち上げられることになった。第1回目の実行委員会が開催されたのは「ひが

（写真4-3）新千里東町近隣センター

（写真4-4）新千里東町近隣センター

（写真4-5）オープンに向けた準備

（写真4-6）オープニングの様子

第4章. ひがしまち街角広場　51

(表 4-2)「ひがしまち街角広場」略年表

年	月	日	出来事
2000	8		新千里東町が建設省 (現・国土交通省) の「歩いて暮らせるまちづくり」構想のモデルプロジェクトの対象地区に選定される
	8		「歩いて暮らせるまちづくり事業」第1回ワークショップ「千里中央編」開催
	9		「歩いて暮らせるまちづくり事業」第2回ワークショップ「新千里東町住宅エリア編」開催
	9		「歩いて暮らせるまちづくり事業」第3回ワークショップ「未来予想図編」開催
2001	1		「歩いて暮らせるまちづくり事業」の報告と意見交換の会を開催
	9	10	自治会連絡協議会、公民分館、校区社会福祉協議会、地域防犯協会の各組織の代表者らによる発起人会が設立
	9	20	第1回目の実行委員会が開催。「ひがしまち街角広場」の名称、赤井さんの代表就任が決まる
	9	30	近隣センターの北西角の空き店舗を暫定利用する社会実験として運営スタート
2002	3	31	社会実験としての運営を終了
	4	1	行政からの補助金を受けない自主運営がスタート
	4	21	第1回たけのこ掘り開催。以降、2005年まで毎年4月にたけのこ掘りを開催
	5	31	「生活環境問題研究所」主催の7市11町村の特産品試食会が開催
	7	26	「千里グッズの会」(現・千里ニュータウン研究・情報センター) が第1回目の会合を開く
	10	5～6	1周年記念パーティー開催。以降、2013年まで毎年10月に周年記念パーティーを開催
2004	10	7	新しいカウンターが設置される (このカウンターは現在も利用)
	11	2	岡山県真庭農協との地域交流として「ひがしまち街角広場」のスタッフら岡山へ
2005	1	31	近隣センターの「スーパー・ニッショー」が閉店
	3	1	「スーパー・ニッショー」跡地に「フードショップ青葉」が開店
	3	30	「第21回大阪府まちづくり功労者賞」受賞
	9	1	『街角広場アーカイブ '05』(編集:千里グッズの会) 発行
2006	4	23	第1回たけのこ祭り (主催:ひがしまち街角広場　共催:東丘公民分館　協力:豊中市・千里竹の会) 開催。以降、2012年まで毎年4月にたけのこ祭りを開催
	4	28	移転先となる空き店舗の清掃・改装を始める
	4	29	吹田市立博物館で開催の特別展「千里ニュータウン展」の行事「東町ウォーク」のコースとなる
	5	2	近隣センター北西角での運営を終了
	5	6	場所を移転して運営再開
	5	27	「人間・環境学会学会賞」受賞
	8	30	移転前の店舗の床の千里ニュータウンの地図を修復し、壁にモニュメントとして設置する
	9	1～22	豊中市立千里公民館で開催の「千里ニュータウン展＠せんちゅう」のサテライト会場となる
	10	4	「市制施行70周年記念事業・第6回豊中市都市デザイン賞」受賞
	11	4	「千里・住まいの学校」との共催で「街角土曜ブランチ」をスタート
2007	6	11	2階に「千里・住まいの学校」、「太田博一建築・都市デザイン」の事務所が開設
	12	4	『街角広場アーカイブ '07』(編集:千里グッズの会) 発行
2008	7		「赤ちゃんからのESD　とよなか」が第1回目の「陶器とりかえ隊」を開催
2009	7	8	府営新千里東住宅の集会所で「3・3ひろば」がスタート
2010	4	6	千里文化センター・コラボに「コラボひろば (コラボ交流カフェ)」がオープン
2011	5	15	「街角広場再スタート検討会 (街角広場運営委員会)」開催。Yさんが2代目の代表となる
	9	22	「街角広場運営委員会」開催。今後の運営のあり方について話し合う

2012	2	12	「第1回まち歩き」（主催：新千里東町地域自治準備委員会、共催：豊中市）に協力
	6	20	「街角広場運営委員会」開催。昨年の振り返りと、今年の予定について話し合う
	7	22	「インターナショナル・サイエンスカフェ」（主催：千里市民フォーラム）開催
2013	2	20	「街角広場運営委員会」開催。「たけのこ祭り」、今後の運営のあり方について話し合う
	3	25	「街角広場臨時総会」開催。今後の運営のあり方、たけのこ祭りについて話し合う
	4	1	太田さんが3代目の代表となる
	4	8	「ひがしまち街角広場」にて「たけのこ祭り」の実施に向けた打合せを行う
	4	21	第8回たけのこ祭り（主催：ひがしまち街角広場　共催：東丘公民分館　協力：千里竹の会）開催
	4	26	「ひがしまち街角広場」にて「たけのこ祭り」の振り返りの会を開催
	5	12	「歌声喫茶」を開催
2014	4	20	第1回竹林まつり（第13回たけのこ掘り）（主催：ひがしまち街角広場）開催
	5	24	5月より、毎月第4土曜日を定休日とする
	10	20〜24	13周年記念バースデーウィーク開催
2015	1	19〜23	千里グッズの会が「都市住宅学会賞」受賞記念感謝デーを開催
2016	10	9	15周年記念パーティ開催
	10	29	UR新千里東町団地で開催された「団地パン祭り＆まち歩き」（UR都市再生機構、豊中市、千里ニュータウン研究・情報センターの共催）の会場で陶器の物々交換会を開催

しまち街角広場」がオープンするわずか10日前の9月20日である。この実行委員会で「ひがしまち街角広場」の名称、赤井直さんを代表とすることが決められた。赤井さんはオープン時の様子を「地域交流、コミュニケーションの場所が欲しいんだから、まぁお茶ぐらい飲めるようにしましょう。お茶を飲むのはどうしたらいいか。素人ができることだから、紅茶かコーヒーぐらいしかないねぇ、日本茶も出しましょう。それぐらい、誰がどんなふうにいれるかかも何も決まっていません。今から考えたら恐ろしいようなかたちでオープンしました」[2005-09-01]と振り返る[4-1]。

　「ニュータウンの中には、みんなが何となくふらっと集まって喋れる、ゆっくり過ごせる場所はありませんでした。そういう場所が欲しいなと思ってたんですけど、なかなかそういう場所を確保することができなかったんです」[2005-09-01]。ニュータウンとは学校、病院、集会所、店舗など種々の施設が計画的に配置された町である。しかし、この赤井さんの言葉からは、種々の施設を寄せ集めただけでは「みんなが何となくふらっと集まって喋れる、ゆっくり過ごせる場所」という、地域での暮らしの基本となる場所は実現されなかったことが伺える。

　当初、「ひがしまち街角広場」は2001年12月末までの約3ヶ月間だけ社会実験として運営される計画であった。けれども、せっかく開いた場所を閉

(表 4-3) 社会実験期間中に行われていた活動

年	月	日	活動名	活動の種類			主催者			備考
				イベント	展示	会議	住民	関係者	住民外	
	9	30	写真展3点		○		□			
	10	26	さをり織体験・実演・作品展示・販売	○				□		
		29～31	アロマテラピー足つぼ体験コーナー	○					□	
		4	文化祭反省会			○	□			公民分館サークル「マーメイド」
		5～7	さをり織体験・実演・作品展示・販売	○				□		かるがも広場
		5～7	水彩画3点		○		□			
		9	フリーマーケット	○				□		
		11	街角ミニコンサート	○			□			
	11	12～18	阪大建築学生9+2人展 18日は住民との意見交換会	○					□	大阪大学建築学科の教員・学生
		19	(仮称)千里井戸端ネット			○	□			
		19	水彩画(秋)3点展示		○		□			
		19	フリーマーケット	○			□			
		19	私たちのまちの芸術作品		○		□			
2001		24	スタッフ反省会			○	□			公民分館パソコン教室
		24	無料ペン字クリニック	○				□		
		25	ネットフラワーづくり	○			□			
		28	千里ニュータウン七変化		○		□			生活環境問題研究所
		2	ミニ消防フェア	○			□			東丘女性防火クラブ
		3～7	イラスト個展		○		□			
		7	フリーマーケット	○			□			
		12	写真展示		○		□			
		14	東町調査の展示		○		□			東丘小学校3年生
		16	合同フリーマーケット	○			□			街角広場実行委員会
	12	17	とよなか・まちなみ・あれこれ		○			□		生活環境問題研究所
		18	陶芸作品・つたのかご展示・相談・販売		○		□			
		20	小学生囲碁教室	○			□			
		21	街角広場実行委員会			○		□		街角広場実行委員会
		24	クリスマスコンサート	○			□			第八中学校音楽部
		26	しめ縄づくり	○			□			
		27	地域からの年賀状展示		○		□			
		20	民生委員会会議			○	□			
		21	郷土玩具展干支シリーズ		○			□		豊中市教育委員会
2002	1	21	街角広場実行委員会			○		□		街角広場実行委員会
		29	こんな年賀状つくりました・もらいました展		○		□			街角広場実行委員会
		29	写真展示		○		□			
		29	東丘小学校1年生お面展示		○		□			東丘小学校1年生

2002	4	「東丘カーニバル」写真展示		○		□		東丘小学校教員
	5	街角広場スタッフ会議			○	□		街角広場実行委員会
	2 12〜28	阪大建築学生の設計課題展示「東丘小学校の設計」16日は発表会及び住民との意見交換会	○				□	大阪大学建築学科の教員・学生
	14	街角広場実行委員会			○	□		街角広場実行委員会
	22	出張撮影	○			□		
	23	(仮称)千里井戸端ネット			○	□		
	3 1	街角広場実行委員会			○	□		街角広場実行委員会
	10	社会福祉協議会			○			
	11	近隣センター建替推進委員会			○			
	26	街角広場実行委員会			○	□		街角広場実行委員会

※『歩いて暮らせる街づくり構想推進事業　ひがしまち街角広場　記録集』生活環境問題研究所, 2002 年 3 月より作成

鎖するのはもったいないという住民の声に応えるかたちで、社会実験の期間は2002年2月末まで延長され、さらにその後、2003年3月末まで再延長されることになった。そして、社会実験が終わった後も地域の人々によって運営が続けられることになった。社会実験の間は豊中市から財政的な支援を受け、豊中市から業務委託を受けた財団法人・生活環境問題研究所が事務局を担当していたが、これ以降は補助金、事務局の支援を受けることなく地域の人々によって「自主運営」されている（表4-2）。社会実験の終了により、豊中市と生活環境問題研究所からの支援は公的には終了したが、個人的に「ひがしまち街角広場」に協力する豊中市職員、生活環境問題研究所の職員はいた。特に生活環境問題研究所のMさんは、社会実験終了後も数年間は「ひがしまち街角広場」の事務をボランティアで手伝っていた[4-2]。

□運営の概要

「ひがしまち街角広場」は日曜を除く週6日、11時〜16時まで運営されている。11時〜16時という運営時間は、ボランティアを担う女性の負担にならないよう、朝の家事を終えてから来て、帰った後に夕方の家事ができることが考慮されて決められた。

「ひがしまち街角広場」ではコーヒー、紅茶などの飲物が100円の「お気持ち料」で提供されている（写真4-7）。食事は提供されていないが、お弁当、購入した食事を持ち込むことはできる。飲物の「お気持ち料」は、テーブル

の上に置かれた貯金箱に自分で入れるようにされていた (写真4-8)。代表が赤井さんから変わった後、2011年からは「お気持ち料」を貯金箱に入れ忘れる人がいるということで飲物を運んできたボランティアに直接渡すように変更された。

　豊中市による社会実験期間中は定期的に活動が行われていたが (表4-3)、地域の人々による「自主運営」が始まってから活動はほとんど行われておらず、現在、「ひがしまち街角広場」が定期的に行っているのは10月の周年記念パーティー (写真4-9, 10) だけである。以前は4月にたけのこ祭りも行っていたが (写真4-11)、2014年を最後に開催されなくなった。「ひがしまち街角広場」が主催する活動以外では、現在行われているのは「赤ちゃんからのESDとよなか」による週1回の「陶器とりかえ隊」(写真4-12)、毎月1回の歌声喫茶だけである。「ひがしまち街角広場」はプログラムを提供することなく、訪れた人々は飲物を飲んだり、話をしたり、新聞や本を読んだりして思い思いに過ごせる場所として運営されている。

　運営時間は16時までだが、16時以降と日・祝日は貸し切り利用が可能であり、東丘小学校の子どもの父親たちのグループである「東丘ダディーズクラブ」、千里ニュータウンのお土産の作成・販売、歴史の収集・発信を行う「千里グッズの会」、住まいのサポートと街の再生についての活動を行う「千里・住まいの学校」など地域のグループの活動場所になってきた。

□来訪者

　来訪者は1日に30～40人程である*4-3)。来訪者の中心は地域の高齢者だが (写真4-13, 14)、「地域の人どなたでものコミュニティっていって作ったんです。だから高齢者に限定してるわけじゃないし、年齢層がどういう人っていうんじゃなくて、誰でもって。ここは誰でも何でもありの場所っていうかたちで、もう全部受けとめることにしてます」[2005-06-25]、「応じたっていうことがものすごい大事なんですよ。それぞれに応じたものを、その場でできるというのが。青少年とか、成人期とか、高齢者とかに応じたじゃなくて、同じ成人でも色んなレベルの人がいるでしょ。だから、どこにも応じたことがやれる場所じゃないといかんわけでしょ、こういうところっていうのは。枠にはまってない、枠からはみ出た人には対応できないって言ったらだめじ

(写真 4-7)「ひがしまち街角広場」のメニュー

(写真 4-8) テーブルに置かれた貯金箱 (写真左下)

(写真 4-9) 10 月の周年記念パーティー

(写真 4-10) 10 月の周年記念パーティー

(写真 4-11) 5 月のたけのこ祭り

(写真 4-12) 陶器とりかえ隊

(写真 4-13) 日常の様子 (移転前)

(写真 4-14) 日常の様子

第 4 章. ひがしまち街角広場　57

ゃないですか」[2005-08-05] というように、対象者が属性によって限定されているわけではない。小学生が学校帰りに「おばちゃん、お水ちょうだい」と言って水を飲みに立ち寄ったり (写真4-15, 16)、近隣センターのすぐ隣にある幼稚園に子どもを預けている母親グループが集まったりすることもある (写真4-17, 18)。なお、小学生が学校帰りに立ち寄ることは学校公認とされている。

□建物

「ひがしまち街角広場」は2001年9月30日に新千里東町近隣センターの北西角の空き店舗を活用してオープンし、2006年5月6日からは同じ近隣センターの他の空き店舗に移転して運営されている (図4-1, 2)。

2001年のオープン時、空き店舗の改修費用は豊中市からの財政的な支援を受けたもので、地域の人々も空き店舗の改修、清掃に参加した。テーブルや椅子などの家具、食器、掲示板などは家庭や公民館などからの持ち寄り

(写真 4-15) 学校帰りに水を飲みに立ち寄る子ども　　(写真 4-16) 学校帰りに水を飲みに立ち寄る子ども

(写真 4-17) 小さな子どもを連れた母親　　(写真 4-18) 小さな子どもを連れた母親

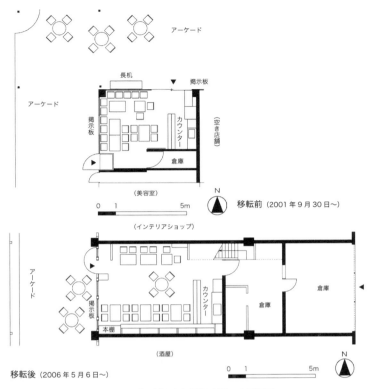

(図 4-1)「ひがしまち街角広場」の平面図

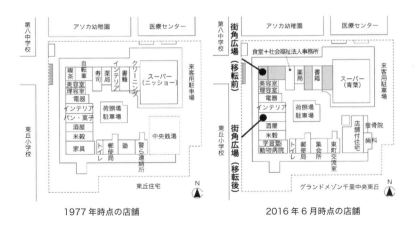

(図 4-2) 新千里東町近隣センターの店舗

第 4 章．ひがしまち街角広場

によって揃えられた。赤井さんは「「街角広場」の場合は、もう一から十までありあわせを集めてこしらえたような場所ですから。もうそれこそ、スプーン1本、箸1本、全部持ち寄りのありあわせです」、「自分たちの家で余ってる物を持って来てるから、自分の身の丈に合ったものばっかりなんですね。来るおばさんたちも自分の身の丈に合ったもの。だからそれを使い、上手く使いこなせたんだと思います」[2005-02-19] と話す。

　当初利用していた空き店舗の面積は30㎡とそれほど広くなかったため (写真4-19)、店舗の外の屋根の付いた通路部分にもテーブルを置くことで、店舗内外を一体的に利用していた (写真4-20, 21)。壁などはインテリアとして地域の人々に解放されており、地域の人々の手による写真や川柳、竹細工などが展示されていた。「千里グッズの会」による絵はがき、「千里竹の会」による竹酢液や竹炭などを販売するコーナーももうけられていた (写真4-22)。

　2006年の春で、近隣センター北西角の店舗の利用契約の期限が切れることとなった。「やっぱりこの近隣センターから外へ出たら意味のないことだと思った」[2009-08-17] という考えから、近隣センターの他の空店舗を借りて、運営が続けられることになった。移転先となる空き店舗の改修、清掃の作業は、豊中市からの財政的な支援を受けることなく、スタッフや来訪者、「千里グッズの会」のメンバーなどにより行われた (写真4-23 ～ 25)。作業はゴールデンウィーク中に行われたため、運営を1日に休むことなく移転が行われた。

　テーブルや椅子、家具などは移転前のものを運んで継続して利用している。移転後の店舗の面積は約75㎡と広くなったが、移転前と同様、屋根の付いた通路部分にもテーブルを置いている (図4-1) (写真4-26)。移転前の店舗の床に描かれていた千里ニュータウンの地図は、モニュメントとして移転後の店舗の壁に設置されることになった。

　□運営体制

　「ひがしまち街角広場」の運営主体は「ひがしまち街角広場運営委員会」という任意団体である。NPO法人など法人化せず任意団体にしていることについて、赤井さんは「NPOにするとその枠からはみ出すことがやりにくくなる」[2011-08-06] からだと話す。現在、「ひがしまち街角広場運営委員

(写真4-19) 小さなテーブルが利用（移転前）

(写真4-20) 屋外に置かれたテーブル（移転前）

(写真4-21) 屋外に置かれたテーブル（移転前）

(写真4-22) 壁・天井には様々な作品が展示（移転前）

(写真4-23) 移転作業の様子

(写真4-24) 移転作業の様子

(写真4-25) 移転作業の様子

(写真4-26) 屋外に置かれたテーブル

第4章. ひがしまち街角広場　　61

会」は日々の運営を担当するボランティア、地域防犯協会支部、公民分館、校区福祉委員会、地域自治協議会の地域団体の代表者、大学教員らによって構成されている。

　日々の運営は、15人ほどのボランティアが、2人ずつ日替わりで担当している[4-4]。ボランティアは全員が女性で、新千里東町に住んでいる人がほとんどだが、千里ニュータウンの吹田市域の住区である古江台、青山台や、箕面市に住んでいる人もいる。

　オープン当初、ボランティアの人数を確保するために自治会連絡協議会、公民分館、校区福祉委員会、地域防犯協会という地域の既存の団体に担当日を割り振っていた。しかし、オープンから半月もたたないうちに団体に所属していない人が入りにくいという不都合が出てきたという。「今日は福祉の日ですよとなると、福祉関係以外の人が入りづらい。防犯担当の日は、防犯関係者以外は覗いて、「今日は防犯の日や」って人が帰るようなことがありました」[2005-06-18]、「例えば公民分館の日があったり、社協の日があったりするわけでしょ。そしたら、みなやっぱり裃着てるんでしょうね。自分はそうじゃないつもりでも、やっぱりそう見えるのか、気がついてしまう。団体同士の競争もあるんですよ。昨日きちっりしてはったから、うちの団体の時もちゃんとせないかんとかね。こうせないかんとか。あれ不思議、自然発生的にそうなるみたいです。何もそうしなくちゃいけませんとは言ってないんだけど、やっぱりそうなっていくのかな」[2009-08-17]と赤井さんは話す。そこで、以降は地域の既存の団体とは関係なく個人としてボランティアに入るように変更されている。「ここに入るボランティアは、みな裃脱いで、肩書き脱いで、個人として入りましょうということにしました。それで、全く何の団体にも関係の無い方々のボランティアで今もずっときております」[2005-06-18]。現在のボランティアは、オープン当初に地域の団体のメンバーとして運営に関わり、その後は個人としてボランティアを続けている人もいれば、地域の団体とは無関係に個人としてボランティアになった人もいる。ボランティアの担当日は、室内の見えやすいところに貼られた1月ごとのカレンダーに、ボランティアできる日に自分の名前を書くことで決められており、空白になっている日を埋めていくようにして調整されていた[4-5]。

　ボランティアは給与や交通費など金銭的な支給を受けない無償ボランティ

アである。わずかでも金銭的な支給を受けるとサービスする側／される側という関係が固定されてしまう。きちんとした金額の給与を支払えるならそれでもよいが、仮に給与を支給するとしても中途半端な金額にしかならない。それなら無償ボランティアでにする方がよいと考えられてのことである。赤井さんは「いくらかでもお金をもらってるとなったら、……、お金を出した方ともらってる方になりますよね。それよりも、みんな、どっちもボランティア。来る方もボランティア、お手伝いしてる方もボランティアっていう感じで、いつでもお互いは何の上下の差もなく、フラットな関係でいられるっていうのがあそこは一番いい。その代わり暇な時は一緒に座ってしゃべる。忙しくなったら、お当番じゃない人がいきなり立って来て、エプロンもかけてないのに手伝いをする」[2005-02-19] と話す。

　いくつかの言葉を紹介してきたように、「ひがしまち街角広場」の運営のあり方は、初代代表の赤井さんの考えによるところが大きい。赤井さんはPTA、公民分館など「ひがしまち街角広場」がオープンする前から様々なかたちで地域との関わりをもっており、「私がここへ来て30年って言うか40年近く、ずっとあの地域活動、色んなかたちでしてますよね、それが全部生きてきてると私は思います」[2005-07-29] というように、それまでの地域との関わりの蓄積が「ひがしまち街角広場」にもつながっていると赤井さんは話す[*4-6)。代表の赤井さんが「ひがしまち街角広場」にいる時間は他のボランティアに比べると長いが、毎日赤井さんが運営を担当しているわけではなかった。

　オープンから約10年が経過した2011年5月に代表がYさんという男性に、2013年4月に代表が太田博一さんに変わった。太田さんは、当初から「ひがしまち街角広場」に関わっており、2007年6月に「ひがしまち街角広場」の2階に自身の建築事務所を開いている。太田さんも「ひがしまち街角広場」には顔を出すが、自身の仕事があるため日々の当番を担当しているわけではない。

　赤井さんがいないとは運営できないという意見もあったが、代表が交代してから既に5年半以上の運営が続けられている。代表だった頃、赤井さんは「よく言われるのは、「あなたがいてたからこれはできたのよ」っていうこと。でも私がいなくても、他の人がやっても違ったかたちでできて、ずっと

第4章. ひがしまち街角広場　　63

持続していけると思うから。その人はその人流のやり方をすればいいんだから、同じものがコピーみたいに色々できなくていいと思うんです。その場の特異性があって、その人の個性があって、それが好きで来る人とか色々あっていいから、その人たちが消化して上手く今度は出す。そういうかたちがいいと思う」[2005-02-19] と話していた。そして、太田さんは赤井さんと自身との役割の違いについて次のように話す。「最初に立ち上げる時のエネルギーはすごいものがある。地域にちゃんと色んなネットワークを持っていないと、アイディアとして出てこない。……。今までの人間関係を上手く見ておいて、そこから人材を選んでくるとかそういう能力がある。継いでいく者はそれをどう維持していくかだから、人間関係がごちゃごちゃしてきた時にどうまとめるか。……。引っ張っていくんじゃなくて、ちょっとみんなの意見聞きながら押していくという。そこはやっぱり違う」、「最初は、新しいものに対してそんなに反対する人はいないし、自分たちの仲間でどんどん立ち上げて、広げていくという役割がある。広がってるところに反対意見が出てきた時、それをどうこちらが受け止めて調整するか、調整役ということが今、大事かなと。そういう役割かなと思ってます」[2016-06-13]。

　赤井さんは現在、千里ニュータウンに居住していないが、現在でも新千里東町の東丘小学校内で開催される「子ども教室」に関わっており、「ひがしまち街角広場」に顔を出すことがある。太田さんは、赤井さんについて「1週間に1回ぐらい、小学校の「子ども教室」なんかに来られる。時々、ここ〔ひがしまち街角広場〕にも寄りますから、スタッフと色々と話をするわけ。「こんなことしたらいかん」とか「こういうふうにした方がいい」とかアドバイスするんで、それはそれで伝わっていってると思うんですけどね」[2016-06-13] と話す。

　「ひがしまち街角広場」では、コーヒーや紅茶などの100円の「お気持ち料」によって家賃、水道光熱費など全てをまかなっており、2002年4月に「自主運営」を初めて以降、豊中市からの補助金は一切受けていない。「自主運営」を始める際には、赤字になり資金がゼロになったら「こんな場所は、この街にいらなかったということだから、その時は綿々と固執しないで、さっぱりとやめようっていう約束で始めたんです」[2005-02-19]、「私が一番大事にみなに言ってることは、「スタッフとしてエプロンかけてる者もボラン

ティアでしょうけれども、来ていただく方もボランティアなんですよ」っていうことです。一生懸命エプロンかけて、待機してても、誰も来てくれなかったら「街角広場」の意味がないんです。「街角広場」に誰も来なくなったら補助金もらうのではなく、そうなった時には「街角広場」は閉めようと。地域のみなに必要とされてないものは潔く閉めましょうといつでも言ってます」[2007-02-25] と赤井さんは話す。

　補助金を受けていない「ひがしまち街角広場」は、営業努力の必要がない。「補助金ももらってないし、営業努力をしなくていいんですよね、「街角」は。誰も来ないことはないんですけど、今日は少ないねって言っても、ちっとも自分たちはしんどくない」[2005-02-19]。なお、「ひがしまち街角広場」で使われている家具や電化製品の中で、補助金を受けて購入したのは、2014年10月に民間の団体から助成により購入したカウンターと冷蔵庫だけである。備品や食材を購入する際には、「「街角広場」で必要なものは、この商店街で全て調達しております。この商店街で調達できるものは全て」[2005-06-18] というように、地域とつながりをもつことが意識されており[4-7]、冷蔵庫は近隣センターの店舗から購入された。

　「ひがしまち街角広場」は豊中市による社会実験としてスタートした。当初は半年間の社会実験で運営を終了する予定だったが、せっかく開いた場所を閉めてしまうのはもったいないという地域の人々からの声に応えて、社会実験終了後は地域の人々による「自主運営」がなされている。社会実験期間中は行政からの支援を受けて運営されていたが、その後、地域の人々は行政に依存せず、また、行政も地域の人々を補助金漬けにすることはなかった。この部分は、地域の人々と行政との協働のモデルケースとして評価されるべきである。

□大切にされていること

　「ひがしまち街角広場」は種々の施設が整えられた千里ニュータウンに欠けていた、「みんなが何となくふらっと集まって喋れる、ゆっくり過ごせる場所」[2005-09-01] を開くことを目的としている。そのために、様々な配慮がなされている。

　「ひがしまち街角広場」では2001年9月30日のオープンから2002年1月

31日までは週7日、2002年2月1日からは月曜から土曜までの週6日運営されている。「どうして毎日かと言いますと、週に1回とか、月に何回っていうのは、誰でもいつでも行ってみようかなっと思った時に行けない、自由に出入りしてもらえない。「あぁ今日行ったら閉まってたわ」、「今日はお天気悪いから閉まってたわ」ってなったら、「行ったら開いてるかな？」と心配になったら、来てもらえないようになるから、いつでも行ったら開いてる安心感が一つの目的で毎日やっておりました」[2005-06-18]。毎日運営することの意味について、赤井さんはこう話す。コーヒーや紅茶などの飲物は100円であるため、1日に何度も訪れる人もいる。

　プログラムが提供されていないため、訪れた人は自由に過ごすことができる。訪れた人は他の来訪者やボランティアと話をすることもあるが、決して無理な関わりが求められることはない。本や新聞を読むなど1人で過ごしている人もいる。ただし、それぞれのテーブルは全く無関係ではなく、1人で座っている人同士が、テーブル越しに会話している光景が見られるのも「ひがしまち街角広場」の特徴である（写真4-27～29）。赤井さんは、「大きなテーブルで周りにいるのもいいだろうと思うけども、やっぱりそんなんだったら、自分1人だけのテーブルでこうやりたい時もあるかもしれない。色んなかたちがあるから、それは、その時々で、自由に使いこなせるようなものがいいみたいに思いますね」[2005-06-25]と、大きなテーブルではなく小さなテーブルを利用することの意味をこのように話す。

　ボランティアと来訪者との関係を固定しないことも大切にされており、「普段着で生活してる。来る人も普段着で来る。その普段着同士の付き合い、フラットなバリアフリーのつきあい、それがいいんだと思うんですね」[2005-02-19]という言葉の通り、「ひがしまち街角広場」ではボランティアと来訪者とが一緒に話をしている光景をよく見かける（写真4-30）。来訪者の中には、忙しくなったらコーヒーを運ぶのを手伝ったり、テーブルの後片付けを手伝ったりする人もいる。写真を展示したり、竹細工を展示したりする人もいる。旅行のお土産や、近くの店で売っているたこ焼きを差し入れる人もいる。2006年5月の移転作業も多くの人々の協力によって行われた。「ボランティアに来てる人は、来てて楽しい、しんどくない、肩がこらない。自分らの自由に振る舞える。お金もらわないから座れる時は座れるし、友だち来

たりできるし、そういう自由がある。お金もらったらそんなわけにいかないでしょ。……。「サービスが悪いの、いいの」って言われるでしょ。お金もらわないことで、そういうこともないし、お互いもうみんなわかってるから、そのへん」[2005-07-29] というように、みなが考えを共有しているからこそ、ボランティアと来訪者との緩やかな関係は成立している。

　ニュータウンとは、隅々まで計画され、極力無駄が排除された言わば完成品としての町だと言える。このような町ではプログラムが提供されておらず思い思いに過ごせる場所、サービスする側／される側という関係が固定されておらず、誰もが「私にはこれができる」という自分なりの役割を見出す余地のある場所が求められていたのである。

　先に述べたように、運営のあり方は赤井さんの考えによるところが大きい。それは明文化されたルールにはなっていないが、太田さんは、「ひがしまち街角広場」で大切にされてきたことはボランティアに伝わっていると話す。「自然と身についてしまってるから、ルールと言われると難しいけど

（写真 4-27）思い思いに過ごす人々

（写真 4-28）テーブル越しの会話

（写真 4-29）テーブル越しの会話

（写真 4-30）スタッフも来訪者と一緒に過ごす

第 4 章．ひがしまち街角広場　　67

も、個人のことをあんまり突き詰めない、問いかけないという。1人でいらっしゃる方は1人にしといてあげるとか、そういう自然なルールはありますね」[2016-06-13]、「明文化されてないけども、例えば、お客さんとスタッフとはあんまり差別せずに、「あなたはお客さん、私はスタッフとならないようにしよう」ということとか、赤井さんが自然にそう決めていったわけですね。みんなも、そうしようということで」[2016-06-13]。「ひがしまち街角広場」で大切にされていることは、明示的なルールではなく、長年にわたって赤井さんとともに運営に関わってきた経験として、ボランティアに継承されている。

□活動の変化・展開

「「街角」オープンする時に、行政はすごい心配したんですよね。何にも決まらないから。私はまず場所をオープンしましょう。オープンしてやっていく中で、色んなことのニーズが出てくるから、そのニーズに合わせて動きましょう。でないと、人の意見を聞くなんてね、リサーチしても、それではごく一部分しか出てこないわけでしょ。だから、やってみた中で色んなことがね、その場に合うものが生まれてくるはずだから、そうしましょうと言ったんだけど」[2005-02-19]、「場所づくりしたところで、こちらの押し付けがあったらだめなんですよね。だから、はっきり言えば来る人がつくっていく、来る人のニーズに合ったものをつくっていく」[2005-02-19]、「ここは未完成のままでやってるから。常に未完成やから、次々と色んなアドバイスとかがいきていくわけでしょ」[2009-08-17]。運営のあり方についての赤井さんの言葉である。

「ひがしまち街角広場」は「みんなが何となくふらっと集まって喋れる、ゆっくり過ごせる場所」[2005-09-01]として開かれた。当初目指したこの姿はその後も変わらないが、「来る人のニーズに合ったものをつくっていく」というように、オープンしてから徐々に作りあげられてきたものもある。

地域との関わりもオープンしてから作りあげられてきたものである。「ひがしまち街角広場」を起点として、学校の情報を地域に発信することを考えたらどうですかという呼びかけによって、「ひがしまち街角広場」の掲示板には小中学校の学校通信が貼られることになった（写真4-31, 32）*4-8）。掲示板

にはこの他にも新千里東町で2ヶ月に1度発行されている地域新聞『ひがしおか』、行事のお知らせなど様々なものが貼られているが、決して期限の切れた紙が貼りっぱなしになっていることはない。期限の切れた紙が貼られた掲示板は生きたものになっていない。掲示物を整理することが毎朝の日課だと赤井さんが話すように、掲示板にも目が行き届いている。

　訪れた人々はこの掲示板を見たり、おしゃべりをしたり、あるいは、他の人の話を耳にはさんだりすることを通して、地域のことを知ることができる。さらに、様々な人々が出入りし、様々な情報が集まると思っているがゆえに、「直接誰に言ってわからないことを、ここで大きな声で叫べば誰かが聞いてくれる。‥‥‥。独り言みたいな顔して、大きな声で言ってみる。誰かが聞いてて、またそれが、それなりにちゃんと、いきていく」［2005-08-31］場所にもなっている。このような役割を赤井さんは「地域の情報の交差点」［2005-06-18］と表現している。

　「ひがしまち街角広場」は地域の人々が日常的に出入りする場所であるため、訪れた人同士が意気投合し、新たな活動を始めることがある。以前、活動していた「写真サークル・あじさい」は、「ひがしまち街角広場」内に展示されていた写真を見た人が、このような写真を撮れるようになりたいと希望したことがきっかけとなり、写真を展示していた人を講師とするサークルとして立ち上げられたものである。「千里竹の会」は、「ひがしまち街角広場」で公園の竹藪が荒れているという話が出たのがきっかけとなり、「ひがしまち街角広場」での話し合いを通して立ち上げられた竹林を整備するグループである。住まいのサポートと街の再生についての活動を行う「NPO法

（写真4-31）掲示板（移転前）

（写真4-32）掲示板（移転後）

第4章．ひがしまち街角広場　　69

人・千里・住まいの学校」、千里ニュータウンのお土産の作成・販売、歴史の収集・発信を行う「千里グッズの会（現・千里ニュータウン研究・情報センター）」は、「ひがしまち街角広場」に集まった地域の人々、専門家、大学教員・学生らによって立ち上げられた団体である。

　地域の団体が集まりや会議に利用できる場所として、集会所や公民館がある。けれども、「集会所っていうのは、要するに目的がきっちりしていて、申し込んでおかないと使えないんですね」[2005-09-01] というように、集会所や公民館はある程度の体制が整い、目的がはっきりとした団体が利用する場所としては適しているが、その反面、これからメンバーを集めたり、活動内容をはっきりさせたりするというように、活動を立ち上げようとする初期の段階では利用しにくい。「ひがしまち街角広場」のように、初期の段階では事前の予約がなくても、気軽に集まり、話ができる場所が必要なのである。

　「「街角広場」は便利なところで、「今日の夕方これに使いたいねんけど、貸して欲しい」って飛び込んで来た人にもすぐ貸せる状況です」[2005-09-01] というようにグループで利用する際には、集会所や公民館のような事前の手続きは必要ない。利用できる時間が制限されている集会所や公民館と違い、時間を気にせず夜遅くまで利用できる。夜はアルコールを持ち込むこともできる。このように「ひがしまち街角広場」は地域で活動するグループが気軽に利用できる場所となっている。東丘小学校に通う子どもの父親を中心とする「東丘ダディーズクラブ」も、夜、懇親会を兼ねた集まりを開いている。

　「ひがしまち街角広場」は「みんなが何となくふらっと集まって喋れる、ゆっくり過ごせる場所」[2005-09-01] であると同時に、地域活動を生み出したり、活動拠点になったりする場所にもなってきた。直田 (2005) は「興味深いのは、この街角広場をふだん利用している住民がつながり、新しい活動をはじめるきっかけとなっていることである。たとえば、千里ニュータウンの竹林の整備を手がける「千里竹の会」や、千里グッズの開発というねらいから絵はがきづくり（「千里ポストカード・プロジェクト」）が生まれるなど、新しい活動を生み出す「場」にもなっている。いわば、市民活動の「ネットワーキングのノード」や「インキュベーションスペース」と言えよう」と述べている。

　新千里東町には、「ひがしまち街角広場」を参考にした場所がいくつか開

かれている。千里文化センター・コラボの「コラボひろば（コラボ交流カフェ）」（写真4-33）、府営新千里東住宅の集会所で毎月2回開かれている「3・3ひろば」（写真4-34）、UR新千里東町団地の集会所で毎月1回開かれている茶話会は、いずれも「ひがしまち街角広場」のような場所が欲しいと考えた人によって開かれた場所である。「ひがしまち街角広場」は地域において「みんなが何となくふらっと集まって喋れる、ゆっくり過ごせる場所」［2005-09-01］のモデルにもなっている。この背景には、赤井さんが千里文化センター・コラボ市民実行委員の初代代表をつとめていたこと、「ひがしまち街角広場」のボランティアや来訪者の中には府営新千里東住宅、UR新千里東町団地の住民がいたことなど、「ひがしまち街角広場」が地域の様々な組織に所属している人々が出会う場所になっているという理由もある。

□今後に向けた展望・課題

「ひがしまち街角広場」ではボランティアと来訪者との関係がサービスする側／される側に明確に分かれておらず、忙しい時は来訪者も飲物を運び、逆に時間がある時はボランティアも来訪者と一緒に話をするという光景が見られる。この背景にはボランティアも来訪者も第一世代[4-9]の住民として、新たに開発された千里ニュータウンでの暮らしを半世紀にわたって共にしてきたという暮らしの歴史の共有がある。

「ひがしまち街角広場」がオープンした2000年頃は、新千里東町の第一世代の人々が高齢になりつつあった時期である（図4-3）。ただし第一世代の人々の中心はまだ50〜64歳であり、多くの男性はまだ定年を迎える直前だ

（写真4-33）コラボひろば（コラボ交流カフェ）

（写真4-34）3・3ひろば

った。そのため、ベッドタウンである千里ニュータウンにおける当時の地域活動の担い手は、専業主婦の第一世代の女性が中心であった。この時期に生まれた「ひがしまち街角広場」のボランティアが全員女性であることは、ここにも起因している。また、最大で1,400人以上いた東丘小学校の児童数が約200人にまで減少していた（図4-4）、集合住宅の建替が進みつつあった、近隣センターに空き店舗が目立つようになっていたなどの状況から、地域の見直しがなされていた時期でもある。「歩いて暮らせる街づくり事業」のモデルプロジェクト地区への選定という地域外からの働きかけもきっかけとなり、2000年頃の新千里東町では「東丘ダディーズクラブ」の設立（2000年）、自治会連絡協議会、公民分館、校区社会福祉協議会、地域防犯協会の各組織の広報誌を統合した地域新聞「ひがしおか」の創刊（2001年1月）、東丘小学校の空き教室を活用したコミュニティ・ルームの開設（2001年）、小学校の運動会と地域の運動会の合同による「東丘ふれあい運動会」の開催（2002年）など、その後につながる様々な変化が起きている。2001年9月にオープンした「ひがしまち街角広場」も、新千里東町のこうした大きな変化の1つの現れである[4-10]。

　「ひがしまち街角広場」は、新千里東町という計画された町と密接に関わって成立おり、まさに「まちの居場所」と呼ばれるにふさわしい。しかしこのことは、「ひがしまち街角広場」の運営は、町のあり方に大きな影響を受けることも意味する。

　現在、新千里東町の近隣センターは移転・建替の計画が進められている。移転・建替により空き店舗がなくなることになる。新千里東町の住宅は全て集合住宅であるため、集合住宅の住戸を運営に利用するのは難しい。そのため、近隣センターの移転・建替後も運営を継続するためには、新たに完成する近隣センターの店舗を借りるか、集会所を間借りするかのいずれかを選択する必要がある。空き店舗のような安価な家賃では新たな店舗を借りることができないため、前者を選べば経済的な負担が大きくなる。後者を選べば「ひがしまち街角広場」だけで集会所を使えないため、運営日・時間が限定され、「いつでも行ったら開いてる安心感」［2005-06-18］を与える日常の場所ではなくなる恐れがある。集会所ではコーヒー、紅茶などの飲物を販売できないという制約が生じる可能性もある。

運営場所の確保に加えて、スタッフの後継者を見つけ、育てていくことも大きな課題となる。全ての住戸が集合住宅によって構成されている新千里東町では、半世紀前のまち開きの際にも、近年の集合住宅の建替の際にも、同じ世代の人々が一度に入居するため、住民の年齢が特定の世代に偏る傾向がある（図4-3）。オープン以来、運営を担ってきたボランティアは第一世代の女性だが、そのすぐ下の年齢の人々は少ない。次に人口が多いのは30〜40代だが、共働きの夫婦が多い、ベッドタウンである千里ニュータウン内には

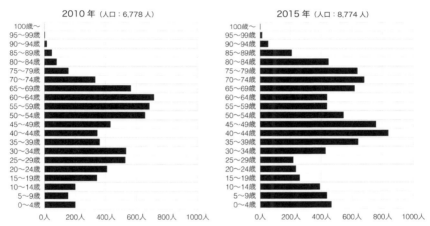

※2000年は10月1日現在の年齢構成で国勢調査より、2015年の4月1日現在の年齢構成で住民基本台帳より。

(図4-3) 新千里東町の年齢構成の変化

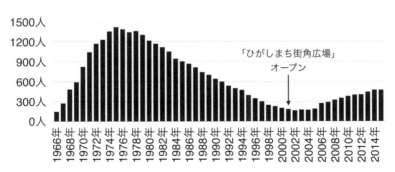

※各年5月1日現在の児童数。2005年までの児童数は東丘小学校『平成17年度　学校要覧』より、2006年以降の児童数は『豊中市統計書』より。

(図4-4) 東丘小学校の児童数の推移

仕事場がほとんどないなどの理由で、この世代の人々は昼間、地域にいないという状況である。

　「ひがしまち街角広場」が抱えている課題は、新千里東町が計画された町であることに起因するところが大きい。従って、これからのことを考えるためには、課題をカフェの運営方法に矮小化せず、なぜ「ひがしまち街角広場」が開かれたのか、「ひがしまち街角広場」はこれまで何を実現してきたのかを地域で共有し、継承していく必要がある[4-11]。

第5章. 居場所ハウス

□オープンの経緯

NPO法人・居場所創造プロジェクトが運営する「居場所ハウス」は、米国ワシントンDCの非営利法人「Ibasho」の呼びかけがきっかけとなり、

(表5-1)「居場所ハウス」基本情報

オープン		2013年06月13日
住所		岩手県大船渡市末崎町字平林
運営日時	運営日時	月、火、水、金、土、日曜　10時〜16時 (事前予約で21時まで貸し切り利用可)
	食堂	月、火、水、金、土、日曜　11時半〜13時半
	朝市	毎月第3土曜　9時〜12時
	定休日	木曜
メニュー	カフェ	コーヒー (200円)、ハーブティ (200円)、ゆずティー (200円)、ソフトクリーム (250円) など (緑茶・麦茶は無料で提供)
	昼食	うどん、そば、カレーライス、焼き鳥丼、中華飯、週替わりランチなど (400〜600円) (事前の予約は不要)
主な行事		・生花教室：隔週月曜、13時30分〜15時 (主催：住民有志) ・歌声喫茶：第3火曜、13時30分〜15時30分 (主催：住民有志) ・居場所健康クラブ：水曜、10時〜12時 (主催：末崎地区サポートセンター) ・健康体操：毎月1回、10時〜11時 ・鯉のぼり祭り：毎年5月 ・周年記念感謝祭：毎年6〜7月 ・納涼盆踊り：毎年8月
運営主体	運営主体	NPO法人・居場所創造プロジェクト (NPO法人設立は2013年3月8日)
運営体制	月・火・金曜	5人のパートが2人ずつ交代で運営
	水・土・日曜	コアメンバー、おたすけ隊、パートが1〜3人ずつボランティアで運営
建物	建物	陸前高田市気仙町の築60年の古民家を移築・再生 (建物はNPO法人が所有、土地は有償で賃貸)
	敷地面積	966㎡
	延床面積	115.15㎡

第5章. 居場所ハウス　75

2013年6月13日、東日本大震災の被災地である岩手県大船渡市末崎町にオープンした（表5-1, 写真5-1, 2）。

　末崎町は大船渡市に10ある町の1つで、2016年12月31日時点の人口は4,280人と、市内10町の中で5番目となっている（写真5-3）。ワカメ養殖発祥の地であるなど、漁業が盛んな町である。東日本大震災では津波の被害を受け、震災後、町内の5ヵ所に計313戸の仮設住宅が建設された。東日本大震災から約6年が経過した2017年1月4日時点でも、2ヵ所の仮設住宅にはまだ建設戸数の約1割にあたる36戸が入居しているが（写真5-4）、2017年3月末で町内で最大規模の大田仮設も閉鎖予定であり、仮設住宅からの移転は終盤にさしかかっていると言ってよい[5-1]。

　「Ibasho」は、米国在住の日本人女性である清田英巳さんが2008年からボランティアで活動を初め、2011年1月にアメリカ合衆国内国歳入庁から501(c)3（非営利法人）の認証を受けた団体である。高齢者が介護を受けるだけの存在と見なされるのでなく、何歳になっても知恵や経験をいかしながら地

（写真5-1）居場所ハウス

（写真5-2）居場所ハウス

（写真5-3）「居場所ハウス」周辺の様子

（写真5-4）末崎町内の仮設住宅（大田仮設）

域で暮らし続けることができる社会の実現と、そのために「歳をとること」の概念を変えていくことを目的とする活動を続けている*5-2)。「居場所ハウス」は「Ibasho」が掲げる8理念に基づいて運営している（図5-1）。

東日本大震災から1週間も経たない2011年3月17日、「Ibasho」代表の清田さんがワシントンDCで行った講演で、被災者の高齢者支援の可能性について言及した。翌週、講演の参加者を介して、世界各国の被災地でのプロジェクトを行う国際NGOオペレーションUSA*5-3)が清田さんにコンタクトをとる。オペレーションUSAには東日本大震災の被災地でプロジェクトを行う計画があり、プロジェクトの資金は米国の航空宇宙関連の大企業であるハネウェル社の社会貢献部門「ハネウェル・ホームタウン・ソリューションズ」からの基金*5-4)があてられる話が出されていた。当初、ハネウェル社からは被災地の高齢者支援のための施設として診療所が提案されたが、これに対して「Ibasho」は高齢者が役割をもてる機会を作るという理念に基づくプロジェクトを行うことを提案し、合意にいたった。

2011年11月、清田さんは、プロジェクトの提案書を作りあげる過程で、以前からの知人であった大船渡市の社会福祉法人の内出幸美さんに被災地でのプロジェクト実施の可能性を打診し、大船渡市、または、陸前高田市において「Ibasho」の理念に基づくプロジェクトを行うことを確認した。

2012年1月、「Ibasho」の提案が正式にオペレーションUSAのプロジェクトとして認可される。これ以降、オペレーションUSAがプロジェクトマネジメントを担当するかたちで、プロジェクトが進められていく。提案書の中でプロジェクトの地域は、①地域のリーダー、及び、住民の協力が得られること、②地域でプロジェクトのコーディネートをしてくれる団体がいること、③津波の浸水区域ではないこと、④高齢化が進んでいることの4つの基準で選定することが決められていた。

2012年2月、清田さん、オペレーションUSAのスタッフらがプロジェクトの候補地として大船渡市と陸前高田市の5地域を訪問。この訪問の際、清田さんらは当時の末崎地区公民館長の近藤均さんと出会う。5地域の訪問の後、先にあげた4つの基準をふまえて末崎町でプロジェクトを行うことが決められた。

2012年5月から実際にプロジェクトがスタートする。2012年5月14日

第5章. 居場所ハウス　77

●高齢者が知恵と経験を活かすこと（Elder Wisdom）：
今の社会では、高齢者は周りに迷惑をかける人、面倒をみてもらう人だと思われがち。けれども、豊かな知恵や経験をもつ高齢者は、地域にとってかけがえのない財産。高齢者が頼りにされ、自信を持てるようにしよう。

●あくまでも「ふつう」を実現すること（Normalcy）：
誰かが管理し過ぎたり、がんじがらめの規則があったり、時間ごとにスケジュールが決められていたりする施設ばかりじゃ、暮らしは窮屈になる。誰にも強制されず、いつでも気軽に立ち寄れて、何となく好きなことができる、そんな「ふつう」の場所にしよう。

●地域の人たちがオーナーになること（Community Ownership）：
誰かがやってくれると受身になるのでなく、地域の人たちが良いことも、悪いことも引き受ける「当事者」になって場所を作っていきたい。みなで知恵や力を出し合い、助け合って、地域の自慢の場所にしよう。

●地域の文化や伝統の魅力を発見すること（Culturally Appropriate）：
地域には独自の文化や伝統がある。日々の生活ではあまり意識しなくても、じっくり見つめればたくさんの魅力に気づくはず。他を真似せずに、地域ならではの魅力を発見していこう。

●様々な経歴・能力をもつ人たちが力を発揮できること（De-marginalization）：
若い人、高齢の人、障がいのある人・ない人、子育て・介護中の人、社会に馴染めないと悩む人など、地域には様々な人が暮らしている。「できないこと」ばかりの弱者と思い込んで孤立しなくていいように、それぞれが「できること」を持ち寄って、互いに支え合おう。

●あらゆる世代がつながりながら学び合うこと（Multi-generational）：
同じ世代の人と付き合うのは話も合うし、居心地がいいけれど、同じ世代で固まってるだけじゃもったいない。子どもや若者は人生の先輩である高齢者から、高齢者は新しいことに敏感ですぐ吸収していく子どもや若者からというように、世代を越えて学び合える場所にしよう。

●ずっと続いていくこと（Resilience）：
場所を続けていくには「環境」「経済」「人」の3つのつながりを考えよう。それは、暮らしに恵みを与えてくれる自然環境を破壊しないこと、必要なお金を自分たちでまかなうこと、人と人との関係を大切にすること。3つのつながりを大切にしながら、ずっと場所を続けていくこと。そこから、ささやかでもいい、地域や国境を越えたつながりを築いていこう。

●完全を求めないこと（Embracing Imperfection）：
初めから完全であることを求めずに、その時々の状況に対応しながら、じっくりと、ゆっくりとやっていけばいい。その道のりは地域によって違うはず。だから、今は不完全であることに焦らず、変われるという可能性を信じたい。時間とともに、人とともに、柔らかに歩んでいこう。

※ Ibasho は 2008 年の活動スタート時点からこれらの理念に基づいた活動を行っているが、現在の表現（図の表現）が確定したのは 2012 年 4 月である。現在の表現は、2012 年 4 月に Ibasho 代表の清田英巳さんと、認知症をもつ高齢者に対する介護と社会概念の変革を提唱する医師の Allen Power さんがロックフェラー財団から補助を受けて確定させた。なお、8 理念の日本語訳は清田ほか（2014）による。

（図 5-1）ワシントン DC の非営利法人「Ibasho」の 8 理念

に最初のワークショップが開催されて以降、2013年5月8日までの1年以上をかけて末崎町の人々らを交えた計6回のワークショップが開催された（写真5-5, 6）。高齢者が役割をもてる機会を作ることがコンセプトであったため、ワークショップは従来の高齢者施設とプロジェクトで作る場所は何が違うのかについてイメージを出し合ったり、「Ibasho」が提唱する8理念を共有したりすることから始められた。その後、メニュー、運営内容、建物について意見交換したり、自分がどのような役割を担えるかという特技を紹介し合ったりすることが行われた。特技を紹介し合うワークショップでは、郷土料理が作れる、大工仕事ができる、お茶碗が洗える、草取りができる、お茶を教えることができる、英語が得意などの多様な特技が紹介された[*5-5]。こうした経緯を経て、2013年6月13日に「居場所ハウス」はオープンした（表5-2）。

□ 運営の概要

「居場所ハウス」は木曜を除く週6日、10時〜16時までカフェスペースの運営を行っている。地域にある公民館や集会所は、普段は鍵が閉まっており、会議や教室などの目的がある時にだけ利用する場所である。それに対して「居場所ハウス」は目的がなくても訪れることができる場所であり、過ごし方が決められているわけではない。やって来た人はお茶を飲んだり、話をしたり、1人で本や雑誌を読んだりして過ごす（写真5-7, 8）。季節の食材を使って干し柿作り、凍み大根作り、クルミの殻むきを行ったりすることもある（写真5-9, 10）。毎日11時半〜13時半の間は食堂を運営しており、事前の予

（写真5-5）第1回目のワークショップ

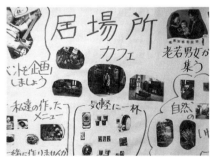

（写真5-6）第1回目のワークショップでは「居場所カフェ」のイメージを出し合った

(表 5-2)「居場所ハウス」略年表

年	月	日	出来事
2011	3	11	東日本大震災
	3	17	米国の非営利法人「Ibasho」代表の清田さんがワシントンDCで行ったレクチャーで、被災地支援に言及
	3	22	レクチャーの参加者を通して、世界各国の被災地支援を行う国際NGO「オペレーションUSA」が清田さんにコンタクト。「オペレーションUSA」は東日本大震災の被災地でのプロジェクトを計画していた
	3	24	米国ハネウェル社が「Ibasho」の清田さんにコンタクトをとる。高齢者支援の場所作りを提案したハネウェル社に対して、「Ibasho」は高齢者のための支援ではなく、「高齢者が役割をもてる機会を作る」というコンセプトでプロジェクトを行うことを提案
	11		清田さんが、以前からの知人であった大船渡市の社会福祉法人の内出さんに大船渡市・陸前高田市でのプロジェクト実施の可能性を打診
	12		大船渡市・陸前高田市で、「Ibasho」のコンセプトに基づくプロジェクトを行うことを確認
2012	1	12	9ヶ月の協議を経て、「Ibasho」の提案が「オペレーションUSA」のプロジェクトとして正式に認可
	2	13	「Ibasho」の清田さん、「オペレーションUSA」のスタッフらがプロジェクトの候補地として大船渡市・陸前高田市の5地域を訪問。大船渡市末崎町では（当時の）末崎地区公民館長近藤さんを訪問。大船渡市長を訪問し、市の理解・協力を依頼。5地域を訪問した結果、大船渡市末崎町でプロジェクトを行うこととなる（〜2月18日）
	2		「Ibasho」の清田さんが、スリランカのプロジェクトを一緒に行ったこともある北海道大学大学院の森教授に基本設計を依頼
	5	8	「Ibasho」の清田さん、「オペレーションUSA」のスタッフ、ハネウェル社の担当者らが大船渡市長の訪問、プロジェクト候補地の視察を行う（〜5月18日）
	5	14	最初のワークショップを開催。以降、2013年5月8日までの間に計6回のワークショップを開催
	9	15	NPO法人・居場所創造プロジェクト、設立総会を開催。運営する場所の名称が「居場所ハウス」に決定
	10	16	地域説明会を開催
	10	24	地鎮祭を開催
2013	3	8	NPO法人・居場所創造プロジェクト設立。設立時の理事は近藤さん、清田さん、内出さんの3人
	3	27	NPO法人・居場所創造プロジェクト、平成24年度社員総会を開催
	5	15	鍵引き渡し
	5	27	NPO法人・居場所創造プロジェクト、平成25年度第1回社員総会を開催
	6	10	NPO法人・居場所創造プロジェクト、平成25年度第2回社員総会を開催
	6	13	「居場所ハウス」オープニングセレモニー
	6	29	最初の定例会を開催
	7	1	この日より、週5日をパート（女性1人）で運営
	10	1	この日より、毎日の運営をボランティアが担当
	11	24	「居場所感謝祭」を開催
2014	1	13	この日より、週3日をパート（女性3人）で運営
	1	20	SNSでキッチンカーの記事を投稿したところ、大船渡町にキッチンカーがあるという情報が寄せられる
	2	26	キッチンの脇に勝手口を設置する工事を始める
	3	14	メンバー5人で、キッチンカーを保有している大船渡町の飲食店を訪問
	5	23	NPO法人・居場所創造プロジェクト、平成26年度社員総会を開催。食事の提供や地場産品の販売など運営の核になる活動を行うことを確認。鈴木さん、紀室さんら末崎町の6人が新たに理事に就任
	6	7	大船渡町の飲食店よりキッチンカーを借りる

80

	6		敷地内の北側斜面で畑作りを始める
2014	7	13	「一周年記念感謝祭」を開催。キッチンカーを活用して軽食を提供
	8	24	末崎町平地区の休耕地を活用した居場所農園での作業を始める
	10	25	朝市を開催。以降、2013年12月までは毎月第1・3土曜日に、2014年1月から毎月第3土曜日に開催
2015	1	末	キッチンカーでは常時食事を提供するのが難しいため、屋外にカマドの保管も兼ねたキッチンの建設を始める
	2	13	キッチンカーを返却
	3	18	「居場所ハウス」の4人が、仙台で開催の第3回国連防災世界会議シンポジウムにパネリストとして参加
	4	30	保健所から、屋外のキッチンで食事を提供するための「飲食店営業（軽飲食）」の営業許可が降りる
	5	3	この日に開催された「鯉のぼり祭り」にあわせて、屋外のキッチンを活用した食堂の運営を開始
	5	8	屋外のキッチンを活用して、毎日の食堂運営を始める
	5	24	NPO法人・居場所創造プロジェクト、平成27年度社員総会を開催
	6	14	「二周年記念感謝祭」を開催
	10	21	清田さんの訪問に合わせて、運営理念を振り返り、これからの運営を考えるワークショップを開催
	11	22	「居場所ハウス」の表で居場所農園から収穫した野菜の販売を始める
2016	3	26	委託販売コーナーの棚を設置
	4	16	「居場所ハウス」周囲に高台移転してきた人々を招いての交流歓迎会を開催
	5	24	NPO法人・居場所創造プロジェクト、平成28年度社員総会を開催。鈴木さんが副理事長に就任
	6	18	「三周年記念感謝祭」を開催

約なしで昼食を食べることができる。毎月、第3土曜日には朝市を開催している。

　「居場所ハウス」の運営はカフェスペースが基本だが、生花や手芸、郷土食作り、健康体操などの教室が行われたり（写真5-11, 12）、歌声喫茶や会議が開かれたりする。現在、毎月行われている生花教室（写真5-13）、歌声喫茶（写真5-14）は、以前から地域にあった団体ではない。生花教室はパートの1人が生花の経験者であったことがきっかけで、「居場所ハウス」主催の活動として始められた。生花教室の開始から約半年が経過した頃、参加者が自分たちで講師への謝礼、会場使用料を払ってでも継続したいと話し合い、参加者有志が主催する活動として継続されることになった。歌声喫茶はより多くの人に来てもらえる機会を作ろうとコアメンバーの1人が提案したことがきっかけである。コアメンバーの呼びかけに集まった人々が話し合いを行い、有志が主催する活動として始められることになった。このように「居場所ハウス」では共通の趣味をもつ人々による、緩やかな集まりが生まれている。

(写真 5-7) 日常の様子

(写真 5-8) 日常の様子

(写真 5-9) クルミの殻むき

(写真 5-10) 干し柿作り

(写真 5-11) 郷土食作り教室

(写真 5-12) 健康体操

(写真 5-13) 生花教室

(写真 5-14) 歌声喫茶

1月のミズキ団子、3月のひな祭り、5月の鯉のぼり、7月の七夕飾り、8月の納涼盆踊り（写真5-15）、12月のクリスマスと季節ごとの行事や飾りつけも行っている。特にひな祭りでは高田人形という地域に伝わる貴重な人形を、地域の人から借りて展示している（写真5-16）。季節の行事や飾り付けは、かつては地区や家庭で行われてきたものだが、少子高齢化や東日本大震災などの影響で行われなくなりつつある。こうした状況において、「居場所ハウス」は季節の行事や飾り付けを継承するという役割も担っている。

□来訪者
　来訪者は地域の高齢者が中心だが、学校が休みの日や放課後には子どもが遊びに来たり、行事・活動に子どもの親世代が参加したりすることもある（写真5-17, 18）[5-6]。オープンから2016年12月末までの延べ来訪者数は約22,800、1日平均にすると約21.1人になる（図5-2）。朝市、教室、会議などの活動が行われている日の方が、活動が行われていない日よりも来訪者は多

（写真5-15）納涼盆踊り

（写真5-16）土人形を持参した女性

（写真5-17）遊びに来た子ども

（写真5-18）親子対象の物作り教室

い。しかし、活動が行われていない日の来訪者も、当初は10～15人の間を推移していたのが、最近では15～20人の間を推移するというようにわずかだが増加している。これは、何の活動も行われていない日にも立ち寄る人が増えつつあることの現れだと言える。昼食を食べに来る人は月によって増減があり、最近は一時期に比べると人数は少ないが、1日平均にすると約8.4人となっている（図5-3, 写真5-19）。

□運営体制

「居場所ハウス」の運営主体として、NPO法人が新たに立ち上げられることになった。運営を継続するためには特定の個人に依存するのではなく、地域で運営体制を築く必要があるという清田さんの提案によるものである。2012年9月15日にNPO法人・居場所創造プロジェクトの設立総会が開催。建設する場所を「居場所ハウス」と名づけることは、この設立総会で決められた[5-7]。現在、NPO法人の正会員は61人であり、うち53人が末崎町の住民である。

設立時のNPO法人の理事は、設立時に中心的な役割を担った近藤さん、清田さん、内出さんの3人が就任した。末崎町の人々が中心となって運営する体制を確立するため、2014年度からは末崎町の6人が新たに理事に就任している。2014年度から理事に就任した鈴木軍平さん、紀室拓雄さんは、運営を中心になって担ってきたコアメンバーであり、理事の就任の少し前から鈴木さんが館長の肩書きを名乗るようになった。この他に理事に就任したのは仮設住宅の支援員、末崎小学校のPTA、末崎町の老人クラブ、末崎町の婦人会と、末崎町で様々な活動をしている人々である。理事の任期は2年であるため、2016年度には一部の理事が交代している（表5-3）。

理事会とは別に、日々の運営に関わる人が情報共有したり、イベントに向けた打合せをしたり、運営や環境整備について意見を出し

（写真5-19）昼食時の様子

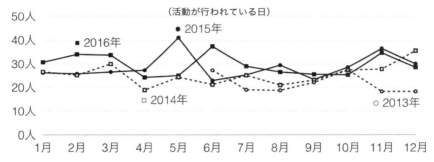

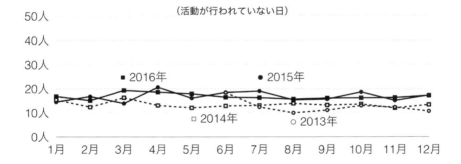

※来訪者数のグラフは運営日誌、ゲストブックより作成した。
※来訪者数には運営メンバーも含まれる。
※2013年6月13日の「オープニング」、「オープニング・シンポジウム」、2013年11月24日の「居場所感謝祭」の前日・当日、2014年5月3日の「鯉のぼり祭り」、2014年7月13日の「一周年記念感謝祭」、2014年8月15日の「納涼盆踊り」、2014年10月25日の朝市、2015年6月14日の「二周年記念感謝祭」、2015年8月15日の「納涼盆踊り」、2016年8月13日の「納涼盆踊り」の来訪者数は、表・グラフの人数には含まれていない。
※2014年11月1日以降の朝市、2015年5月3日の「鯉のぼり祭り」、2015年5月16日の朝市、2016年4月16日の「交流歓迎会・朝市」、2016年＊6月18日の「三周年記念感謝祭」の来訪者数は、おおよその人数で集計している。
※行事が行なわれていない定休日の来訪者数は含まれていない。

(図5-2) 1日の平均来訪者数の推移

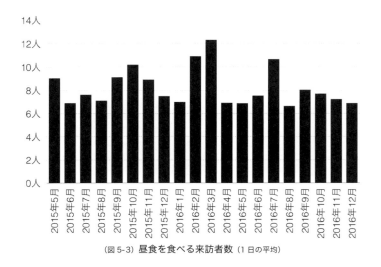

(図5-3) 昼食を食べる来訪者数（1日の平均）

(表5-3) NPO法人・居場所創造プロジェクトの役員の変化

名前	2013年3月〜	2014年5月〜	2016年6月〜	居住地	日々の運営への参加
HK	理事長	理事長	理事長	末崎町	○
EK	理事	理事	理事		
YU	理事	理事	理事		
GS		理事（館長）	副理事長（館長）	末崎町	○
TK		理事	理事	末崎町	○
KM		理事	理事	末崎町	
EO		理事	理事	末崎町	○
TN		理事	理事	末崎町	
KM		理事	理事	末崎町	
TO			理事	末崎町	
JS			理事	末崎町	
AT			理事	末崎町	
ST			理事	末崎町	
KK	監事	監事	監事	末崎町	
MU			監事	末崎町	○
理事の人数	3人	9人	10人		
監事の人数	1人	1人	2人		

合ったり、ボランティアの担当日を決めたりするために定例会が開かれている（写真5-20, 21）。

　定例会には明示的に参加資格をもうけているわけではないが、現在では数人の理事を含めて毎回10〜15名ほどが参加している。当初は男性の割合が

多かったが、最近では女性の割合が増える傾向にある（図5-4）。定例会に参加しているのは日々の運営、朝市や行事の企画・運営、事務作業などを担当しているコアメンバー、主に平日の運営を担当するパート、主に土曜・日曜の運営を担当する「おたすけ隊」メンバーである。ほぼ全員が末崎町に住む60〜70代の人々である（表5-4）[5-8]。「おたすけ隊」は、近くにある末崎地区サポートセンター[5-9]で開催されている「おたすけクラブ」の参加者有志が、「居場所ハウス」の運営に協力するために結成したボランティア・グループである。現在のパートになっているのは5人の女性だが、このうち4人は「居場所ハウス」の近くに住んでいる人や、紹介してもらった人に個人的に声をかけて募集した。

　定例会が開かれるようになったのは次のような経緯である。海外から提案されたプロジェクトの受け入れ、NPO法人の設立手続き、オープニングセレモニーは社会福祉法人が事務局を務めていた。しかし、社会福祉法人の法人としての関わりは「居場所ハウス」のオープニングセレモニーまでであり、オープン後の運営はコアメンバーを中心とする末崎町の人々が担うことになっていた。コアメンバーの何人かはオープン前のワークショップや会議から参加していたが、末崎町の人同士でオープン後の運営について議論されていたわけではない。そのため、オープニングセレモニー翌日から、誰が運営を担当するのか、どのように運営するかが決められていないなど、社会福祉法人が事務局を担っていた段階から、末崎町の人々が中心となって運営する段階への移行はスムーズにいったわけではなかった。運営を担当するボランティアがいない時間帯は、末崎地区サポートセンターの職員が手伝いにくる日

（写真 5-20）毎月開催している定例会

（写真 5-21）定例会後のコーヒーのいれかた講習

第5章. 居場所ハウス　　87

もあった。

　誰がスタッフを担当するのか、どのように運営するのかが曖昧なまま10日ほど経過した頃、ボランティアが集まらないのでパートを雇用するのはどうかという話が出される。6月29日、理事会が開催された後、理事とコアメンバーが参加する運営会議が開催された。この会議では毎週木曜を定休日とすること、7月1日からパートを雇用すること、日曜はコアメンバーが週替わりでボランティアをすることが確認された。この他、運営時間、飲物の値段、団体で利用する際の手続き、コアメンバーの役割なども議論され、運

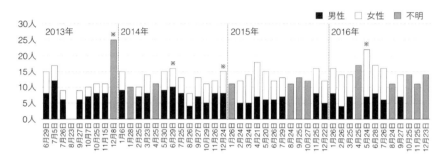

※ 2013年12月8日（日）は定例会終了後に「居場所感謝祭」の慰労会を開催。
※ 2014年6月29日（日）は理事会、「一周年記念感謝祭」第二回実行委員会と同時開催、12月24日（水）は定例会終了後に忘年会を開催。
※ 2016年5月24日（月）はNPO法人・居場所創造プロジェクトの総会後に開催。

（図5-4）定例会の参加者数の推移

(表5-4)「居場所ハウス」の運営メンバー（2017年1月現在）

	人数	居場所ハウスでの役割	概要
コアメンバー	約15人	行事の企画、朝市の準備・運営、事務、備品のメンテナンス、パートとおたすけ隊のサポートなど運営全般を担当。日曜は1〜4人ずつ交代でボランティアで運営を担当	ほとんどが末崎町の住民で、オープン前のワークショップから参加していた人、オープンした頃から関わっている人、最近関わり始めた人がいる。末崎町の民生委員、婦人会も何人か参加。2014年度以降は何人かが理事に就任した
パート	5人	平日の運営を担当している。水曜日はボランティアで運営を担当	末崎町に住む4人の女性。土曜の朝市や、日曜に開催される行事を協力することもある
おたすけ隊	3〜4人	土曜の運営を担当、日曜は食堂の調理を担当している。花・植木などの手入れも中心となって行っている	近くにある末崎地区サポートセンターで開催されている「おたすけクラブ」の参加者有志によって結成。メンバーは全員末崎町の住民。現在は「おたすけクラブ」に参加していないメンバーもいる

営していくための最低限のルールがようやく定められた。7月5日に開催された2回目の運営会議には社会福祉法人の職員が出席し、今後、社会福祉法人は法人として運営に関わらないことが伝えられ、末崎町の人々が中心になって運営することがコアメンバーによって確認された。次に開催された7月26日の運営会議では、運営会議を毎月継続して開催することが提案され、以後、毎月の定例会として定着していくことになる。なお定例会とは別に、大きなイベントである鯉のぼり祭り、周年記念感謝祭などの実行委員会、末崎町の元保母・教員らによる子どもの見守り活動「わらしっ子見守り広場」の会議などが開かれることもある。

　運営体制については先に述べた通り、オープン当初はボランティアだけで運営する計画だったが、ボランティアが集まらなかったこともあり、パートを雇用することになった。2013年7月1日から9月30日までパートを雇用しての運営を行っていたが、2013年10月1日から再びボランティアだけで運営するようになった。ただし、この時点でも十分な人数のボランティアが集まらず、特定の人に負担が集中する状況であったため2014年1月13日からは再びパートを雇用しての運営を行っている。この時から、月・火・金はパートで、水・土・日はボランティアで運営することが定着している。パートには入れ替わりがあるが、月・火・金曜はパートが2人ずつ運営を担当している。水曜はパートになっている人がボランティアで運営を担当している。土曜は「おたすけ隊」が、日曜はコアメンバーが数人でボランティアで運営を担当している。ただし、パートの都合が悪い日はコアメンバー、「おたすけ隊」がパートと一緒に運営を担当したり、土・日曜に大きな行事が行われる場合はパートがボランティアでサポートしたりと、柔軟な対応がなされている。

　主な収入は飲物、食事の売上げ、朝市、委託販売コーナーの売上げと委託販売費、講習会の参加費、地域の団体による会議や集まりの際の会場使用料、NPO法人の正会員・賛助会員の年会費である。しかし、これらの収入では人件費をまかなうことができていないため、オープン以来、主に民間の団体からの補助金を受けている[5-10]。理事会では補助金に依存しない運営を確立することが確認されている。補助金に依存しない運営のためには、人件費をまかなうだけの収入を得るか、人件費のかからない運営体制とするかの2通

りの意見があるが、NPO法人として最終的にどちらを目指すかは保留されている。ただし、現時点で可能性のある活動を行うという考えから、前者を実現するための試行錯誤を重ねている。2014年10月からスタートした朝市、2015年5月からスタートした食堂の運営、2016年3月に棚を設置した手芸や工作品などの委託販売コーナーは、「居場所ハウス」の財政的な基盤を確立する目的もある。

□建物

「居場所ハウス」の建物は、陸前高田市気仙町で1957年（昭和32年）に建設された古民家（写真5-22）のフレームを再利用した移築・再生である。古民家は、「Ibasho」、オペレーションUSAのメンバーらが来日した際に通訳を務めていた方から提供されたもの。建物の基本設計はワークショップや会議で出された意見をふまえて、北海道大学建築計画学研究室の教員・学生が担当した（写真5-23）。

空間は大きく土間のカフェスペースと和室に分かれており、カフェスペースにはキッチンが、和室の外側には月見台がある（図5-5）。設計においては「多くの利用者が訪れ、かつ利用者が自ら積極的に活動」するために、①「古民家に月見台や大開口といった新しい要素を加えること」により中と外の領域の一体化を図ること、②「様々な活動に対応できるようワンルームで柱によりゆるやかにつながる空間としたうえで、テクスチャーなどの違いによりそれぞれの場所に明確な領域をもたせ」ること、③「民家の再利用という手法により、自分の家のような安心感から利用者が建築にしつらえを加

（写真5-22）移築前の古民家

（写真5-23）建物のデザインの検討

えやすい」ようにすることの3点が考慮された (生越, 2014)。キッチンに関しては「利用者がサービスを受けるだけでなく主体的に活動に関わることのできることを目指して、利用者がキッチンに入りやすいと感じられる」ようにするために、「キッチンを土間に対し垂直に配置しかつ土間と同じテクスチャーにすることで土間とキッチンに連続性を持たせ」ることが考慮された (生越, 2014)。

玄関に近いこと、キッチンがあること、冬季には薪ストーブが置かれていることなどの理由から来訪者の大半は土間のカフェスペースで過ごす。和室は来訪者が多い時や、生花教室、歌声喫茶などグループでの利用に使われている。和室には本棚のある図書コーナーと、テーブル、プリンターなどを置いた事務コーナーがある。

2015年1月末より月見台の西側にキッチンペースを建設し、2015年5月より食堂の運営をスタートさせた (写真5-24, 25)。昼食は屋外に建設したキッチンペースで調理し、「居場所ハウス」内に運んで食事をする。

気候がよい時期には屋外にテーブル・椅子を出しており、屋外でお茶を飲

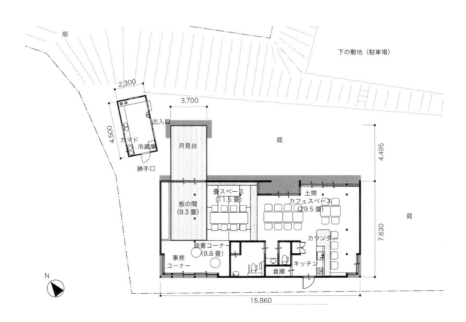

(図5-5) 居場所ハウスの建物

んだり、食事をしたりする人もいる（写真5-26）。朝市や周年記念感謝祭、鯉のぼり祭りなどの大きな行事は、建物前のスペースにテントを立てて開催している（写真5-27）。

　「居場所ハウス」の敷地は災害公営住宅、防災集団移転による戸建住宅が建設される土地の近くが選ばれた。当初、大船渡市から金銭的な補助を受けることも視野に入れて、末崎地区サポートセンターの建設予定地に併設する案が出されていた。しかし、末崎地区サポートセンター建設予定地の面積が不足していたため計画を変更。末崎地区サポートセンターの敷地以外では大船渡市からの補助が出ないことになり、ハネウェル社からの基金のみで建設することとなった。ハネウェル社の担当者も交えて候補地を検討した結果、高台移転の敷地に近いことなどを考慮し、現在の敷地が選ばれたという経緯がある。当初、建物は道路のある東側を正面として配置される計画であったが、地盤調査の結果を受けて、90度回転した形で北側を正面とする配置になった（図5-6）。

（写真 5-24）屋外に建設したキッチン

（写真 5-25）屋外に建設したキッチン

（写真 5-26）屋外で過ごす人々

（写真 5-27）鯉のぼり祭り

□大切にされていること

「居場所ハウス」の運営は「Ibasho」による8理念にもとづいて行われている（図5-1）。「Ibasho」の8理念が描くのは、面倒をみてもらう存在だと見なされる傾向にある高齢者が、何歳になっても自分にできる役割を担いながら地域に住み続け、世代を越えた関係を築いていくことが可能な社会を実現することである。

「居場所ハウス」にはそのための明示的なルールは作られていないが、日々の運営においては以下のように誰もが役割をもてるようにすることが意識されている。「居場所ハウス」には仕事の経験をいかして花・植木の手入れをしたり、大工仕事をしたり、料理したりする人、パソコンを使ってチラシ作りや会計を担当する人、農作業、朝市のテント張り、薪ストーブのための薪割りをする人など、多くの人が関わっている。これまでに郷土食作り、草履作り、踊り、着物の着付け、子どもを対象とする物づくり教室など様々な教室を開催してきたが、教室の講師は地域の高齢者に依頼することが多い。「居場所ハウス」は地域の人々が自分の得意なこと、できることを持ち寄ることで成立している。

ただし、自分にできる役割を担うことを、仕事の経験や特技をいかすという狭い意味で捉えてはならない。日々のカフェスペース、食堂の運営はパート、ボランティアが担当しているが、昼食時は屋外のキッチンスペースでの調理に忙しいことが多い。そのような時には食事を運んだり、食べ終えた食器を洗ったりする来訪者もいる（写真5-28）。来訪者にお茶を出したり、薪ストーブに薪をくべたり、ゲストブックに来訪者の記録をつけたりするという

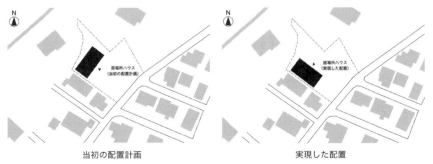

当初の配置計画　　　　　　　　　実現した配置

（図5-6）居場所ハウスの建物の配置の変更

協力もある。自分で作ったお菓子や漬物、収穫した野菜や果物など様々なお裾分けをしてくださる方や、自分には何もできないからと砂糖や小麦粉などを持って来てくださる高齢の女性もいた。「居場所ハウス」は地域の人々が「自分にはこれができる」という具体的な役割を見い出せる余地のある場所であり、地域の人々により少しずつ担われる役割の積み重ねによって「居場所ハウス」は成り立っている。

　多くの人々による協力がなされている背景には、スタッフと来訪者がサービスする側／される側という固定された関係になっていないことがある。パート、ボランティアのスタッフは一方的にサービスを提供する店員ではない。時間があれば他の人と一緒にテーブルに座ってお茶を飲んだり、話をしたりしながら過ごすという意味で、同じ地域に住む住民同士なのである（写真5-29）。

　ここで注意すべきは、スタッフと来訪者の関係がサービスする側／される側という固定されたものではないことは、地域の人々みなが同じ役割を担うという意味ではないことである。上で見たように地域の人々の関わり方は様々であり、人によって得意なこと、できることも当然異なる。みなが同じ役割を担うわけではないが、そうであるにも関わらずサービスする側／される側という固定された関係を作らないことが大切にされているのである。

□活動の変化・展開

　「居場所ハウス」では生花教室、歌声喫茶、同級会などの活動が行われたり、ひな祭り、鯉のぼり、七夕、盆踊り、クリスマスなどの季節の行事や飾

（写真5-28）洗い物を手伝う来訪者

（写真5-29）スタッフも来訪者とともに過ごす

り付けが行われたりしているが、これらの活動はオープンした時には計画されていなかったものばかり。運営メンバーでの話し合いを重ねたり、来訪者からの提案を受けたりすることで、活動内容は徐々に膨らんできた。

　カフェスペースとしてスタートした運営のあり方を大きく変えたのが朝市と食堂である。「居場所ハウス」は末崎地区公民館「ふるさとセンター」、末崎保育園、末崎小学校、末崎中学校、大船渡市農協末崎支店、末崎地区サポートセンターなど町の主要施設が集まる場所にある (図5-7)。「居場所ハウス」の周囲では高台移転が進められており、2014年5月には11戸の災害公営住宅、2016年5月には55戸の災害公営住宅への入居が始まった (写真5-30)。防災集団移転による戸建住宅34戸への入居もほぼ終わっている (写真5-31)。このような地域だが、店舗や飲食店がほとんどない。こうした地域の状況と、補助金を受け運営している「居場所ハウス」の財政的な基盤を確立するために朝市と食堂の運営をスタートさせた。

　末崎町はワカメ養殖発祥の地であり、ワカメをはじめとする豊かな海の幸がある。農業をしている人、料理や郷土食を作るのが得意な人、手芸が得意な人もいる。これらを扱うマーケットを開催することで地域に特産品を定着させ、地域内でお金がまわる仕組みを作りたい。こうした考えに基づき2014年10月から朝市をスタートさせた。朝市は2014年12月までは月2回、その後は毎月1回開催している。まだ当初の考えを十分には達成するには至っていないが、朝市には高台移転してきた人々を含めた近隣住民がやって来て、会話をしながら買物をする光景が見られる (写真5-32, 33)。朝市には末崎町内で農業や漁業などを営む人や、末崎町外からの店舗や業者の出品に加

(写真5-30) 災害公営住宅

(写真5-31) 防災集団移転で建設された戸建住宅

第5章. 居場所ハウス　　95

えて、「居場所ハウス」も野菜や軽食などを販売している。

　先に述べたように、「居場所ハウス」内のキッチンは「利用者がサービスを受けるだけでなく主体的に活動に関わることのできることを目指して、利

(図 5-7) 居場所ハウス周辺

(写真 5-32) 毎月の朝市

(写真 5-33) 毎月の朝市

用者がキッチンに入りやすいと感じられる」ようにするために、「キッチンを土間に対し垂直に配置しかつ土間と同じテクスチャーにすることで土間とキッチンに連続性を持たせ」ることが考慮された (生越, 2014)。ただし、このような形式のキッチンでは食堂を運営するための保健所の許可をとることはできない。そこで、キッチンカーを活用してイベント時に軽食を提供していた時期もあるが、キッチンカーも常時、食堂を運営するための保健所の許可を得ることができなかった。そこで2015年1月末から屋外にキッチンの建築を始めた。かつて建築関係の仕事をしていたメンバーが中心となって建築を進め (写真5-34, 35)、2015年5月からキッチンスペースを活用して食堂の運営をスタートさせた。うどん、そば、ラーメン、カレーライス、チャーハン、親子丼などの定番メニューの他に、土曜日の週替わりランチにはひっつみ汁、小豆ばっと、結婚式の披露宴で出される「おぢづき」などの郷土食がメニューになることもある。

　朝市をスタートする少し前の2014年8月末からは近くの休耕地を借りて「居場所農園」とし、野菜作りを始めている。収穫した野菜は朝市で販売したり、食堂の食材として用いたりしている (写真5-36, 37)。このように「居場所ハウス」ではカフェスペースの枠にはおさまりきらない多様な活動を展開してきた。

　オープン後に作りあげられてきたのは運営に関わるソフト面だけに限らない。上で紹介したキッチンスペースの建設や農園だけではなく、地域の人々が様々なかたちで空間にも手を加え、徐々に使いやすい場所にしてきた。

　「居場所ハウス」の空間は大きく土間と和室の2つに分かれている (図5-5)。

(写真 5-34) 屋外にキッチンを建設

(写真 5-35) 屋外にキッチンを建設

設計においては、土間と和室を緩やかにつなげるために間に柱があり、また、和室を屋外の月見台と緩やかにつなぐため和室の一部が板敷きにすることが考慮された。しかし運営を続けているうちに土間と和室の間の柱はない方がよい、和室の畳と板敷きの間に段差があると危ないという意見が出てくるようになった。そこで運営メンバーで意見交換をして、土間と和室の間の柱を撤去し、板敷きの部分にも畳を敷くこととした。これ以外に道路沿いの看板、本棚、裏の物置、ロフト部分への梯子、勝手口などを新たに取り付けたり、薪ストーブの煙突工事をしたりしてきた。屋外の空間は必要に応じて手を加えていくようにしたいという考えから、最初はあえて舗装されていなかった。そして運営が始まってから花壇や畑を作ったり、案内板、法面の安全柵、駐車スペースなどを設置したりしてきた。

　このように、地域の人々は建物内外の空間に対して様々なかたちで手を加えてきた。空間に手を加えるきっかけは、オープン時点で不足していた機能を補ったり、使いにくい部分を改善したりすることであるが、空間に手を加える行為はこれにとどまらない意味をもつ。地域の人々が空間に手を加えることで、「居場所ハウス」は地域の人々が「このような場所にしたい」と思い描く姿に徐々に近づいていくのである。「居場所ハウス」の空間が大きく変化した時期と、末崎町の住民が理事に就任するなど、末崎町の人々による運営体制が確立された時期が重なっていることからは (田中, 2016a)、自分たちの手で空間に手を加えることは、ここは自分たちの場所だというオーナーシップの意識を生み出すと言うことができる。

(写真 5-36) 居場所農園

(写真 5-37) 農園で収穫した野菜を朝市で販売

□今後に向けた展望・課題

　末崎町では仮設住宅からの移転がほぼ終わりつつある。東日本大震災後の被災地から「被災地後」へと移り変わっていく中で、「居場所ハウス」がどのような役割を担えるかが課題になる。

　末崎町内に17ある集落を単位とする公民館は強いまとまりをまった地縁型の組織である[5-11]。東日本大震災後、従来の集落を単位とする公民館とは別に、5ヵ所の仮設住宅それぞれに自治会が設立されたことで、仮設住宅の入居者は、震災前に住んでいた集落の公民館と、仮設住宅の自治会という2つの地縁型の組織に同時に所属していた[5-12]。そして、仮設住宅からの移転時に、従来の集落に高台移転する人は同じ公民館にそのまま所属することになるが、別の集落に高台移転する人は所属する公民館が変わることになる。また、「居場所ハウス」の近くに建設された55戸の災害公営住宅「平南アパート」はどの公民館にも所属せず、災害公営住宅単独での自治会が設立された。「平南アパート」は平集落に立地するが、平集落の世帯数が他の集落に比べて多くなり過ぎるなどの理由から、平集落内に立地しながら独自の自治会が立ち上げられることになった。このように東日本大震災後の末崎町では、公民館、自治会の構成員が変化していくという意味で地縁型の組織に揺らぎが生じていた。「居場所ハウス」は地縁型の組織に揺らぎがあった時期に、海外からの提案で生まれた場所なのである[5-13]。

　仮設住宅からの移転の完了にともない、公民館、自治会の構成員が変化する状態も終わり、末崎町の人々は17の公民館、1つの自治会のいずれか1つに所属することになる。

　地縁型の組織とはある一定の範囲に住んでいる人によって構成されるという意味で、土地に結びついたものである。そのため、例えば、以前は同じ公民館だったが震災後は別々の公民館に分かれてしまった人、近くに住んでいるが平公民館と災害公営住宅の自治会に分かれてしまった人というように、地縁型の組織は土地を越えた関係を対象にすることはできない。ここに「居場所ハウス」が担える役割がある。どの公民館、自治会にも所属していない「居場所ハウス」は公民館や自治会という地縁型の組織の枠組みを越えた人々の関係を築くための拠点になる可能性がある。例えば、2016年12月14日には以前仮設住宅に支援に来ていた団体が「居場所ハウス」でイベン

トを開き、仮設住宅の元住民らが集まったり（写真5-38）、2017年2月12日には末崎小学校の校庭にあった山岸仮設の元住民による同窓会が開かれたりと（写真5-39）、地縁型の組織の枠組みを越えた人々の関係を築く動きも見られつつある。

　末崎町は北から細浦地区、中央地区、碁石地区の3つに地区に大きく分けられる。「居場所ハウス」は中央地区に位置するが、運営メンバーや来訪者は平地区を含む中央地区の人が多い。このことは、元々「居場所ハウス」の周りに地域の活動に積極的な人が集まっていたと考えるよりも、家に近いという理由で運営に関わったり、来たりするようになった人が多いと考えるべきである。最初は地域の活動に積極的でなかったとしても、家の近くにあって出入りしているうちに関わりが生まれてくる可能性がある。公民館や自治会という地縁型の組織に所属するのではなく、距離的に近くにあるという空間的な近接性が意味をもつのだとすれば、「居場所ハウス」の周囲に高台移転してくる人々を巻きこんだ場所を作りあげていける可能性がある。このことは、高台移転の敷地の近くに開かれた場所だから担い得る大きな可能性である。ただし、空間的な近接性が意味をもつことは同時に、細浦地区、碁石地区に住む人、特に高齢者など自家用車が運転できない人に対して、「居場所ハウス」がどのように関われるかという課題があることも示している。

（写真5-38）仮設住宅の元住民らも集まったイベント

（写真5-39）山岸仮設の元住民らによる同窓会

第6章. 実家の茶の間・紫竹

□オープンの経緯

　「実家の茶の間・紫竹」は新潟市による地域包括ケア推進モデルハウスとして2014年10月18日に開かれた。新潟市によれば、地域包括ケア推進モデルハウスとは「子どもからお年寄りまで、市民一人ひとりが住み慣れた地域で安心して暮らせるまちの実現を目指し、支え合いのしくみづくりを進め

(表6-1)「うちの実家」「実家の茶の間・紫竹」の基本情報

		うちの実家	実家の茶の間・紫竹
オープン		2003年03月	2014年10月18日
住所		新潟市東区粟山	新潟市東区紫竹
運営日時	運営日時	火曜、金曜、第1・2土曜	月曜、水曜
	運営時間	10時～15時　宿泊は18～翌9時	10時～16時
参加費	参加費	参加費300円（お茶などの飲物は無料で提供）	参加費300円（お茶などの飲物は無料で提供）
	食事代	300円	300円
	宿泊費	1泊2000円（食事代除く）	
主な行事		・夜の茶の間：第2金曜の夜 ・バイタルサインチェック・介護相談（石山地区保健センター）	・保健師等によるこころやからだ、暮らしの相談会：第3水曜 ・周年記念行事：毎年10月
運営主体		うちの実家運営委員会（任意団体）	実家の茶の間（任意団体）と新潟市の協働運営
運営体制		当番1名（有給）	「居場所担当」の当番2名、「食事担当」当番2名の計4名（ボランティアで交通費を支給）
建物	建物	平屋の木造住宅	築約45年の木造2階建ての住戸を改修
	面積		約290㎡
	備考		

※「うちの実家」の基本情報は、『常設型地域の茶の間　うちの実家　10年の記憶　2003-2013』常設型地域の茶の間「うちの実家」2013年、『平成23年度　高齢者の居場所と出番に関する事例調査結果（全体版）』内閣府，2012年などを参考にした。

るための拠点」であり、その役割として「常設型地域の茶の間（週2回以上開催）」、「多様な関係機関、団体とつながり協働を学ぶ場」、「生活支援コーディネーター（支え合いのしくみづくり推進員）、保健師等の定期的な来所の場」、「介護技術の習得などの一方、視察の受け入れなども行う日常的な研修の場」の4つがあげられている[6-1]。新潟市では市内全区での地域包括ケア推進モデルハウス開設を目指しており、「実家の茶の間・紫竹」は全区の中で最初に開かれた場所である。「実家の茶の間・紫竹」は河田さんが代表をつとめる任意団体「実家の茶の間」と新潟市との協働で運営されている（表6-1, 写真6-1, 2）。

　「実家の茶の間・紫竹」は、河田珪子さんが、新潟市からの「うちの実家」の再現依頼を受けたことがきっかけで開かれた。「うちの実家」とは河田さんらが、2003年3月から2013年3月まで新潟市東区粟山で運営していた常設型地域の茶の間である。

　東区紫竹は新潟市東区のほぼ南西端に位置し、人口5,764人、世帯数約2,702世帯の地域である[6-2]。古くからの農家がある一方、アパートに暮らす人、最近開発された戸建住宅に住む人など多様な人々が暮らしている（写真6-3, 4）。また、地域内には店舗や施設があまりないという特徴もある。

　河田さんらは「うちの実家」も含めて、新潟市で30年近くの活動活動を続けてきた。大阪から故郷の新潟に戻ってきた河田さんは、1991年から会員制の有償の助け合い活動「まごころヘルプ」を立ち上げた[6-3]。横川（2004）が「まごころヘルプ」の事務所の様子を「事務スペースとは反対側、部屋の右半分は、事務所を訪れる人たちに気楽に過ごしてもらうためのたまり場だ。机が大きな楕円形に並べられ、そのまわりにイスが置いてある。

（写真6-1）実家の茶の間・紫竹

（写真6-2）実家の茶の間・紫竹

三々五々集まってくるお年寄りたちが話をしたり、刺し子や人形づくりなど手仕事に熱中したりして過ごす場でもある」と述べているように、事務所には自然に人が立ち寄るようになり、「お茶飲んでるうちに、そこに障がいがある人や、身体の不自由な人や、手助け必要な人に自然に手を貸していく」[2016-08-01] 光景も見られたという。

　このような場所を意図的に作ったのが、河田さんらが1997年7月から開いている「地域の茶の間・山二ツ」だ。新潟市中央区の自治会館である山二ツ会館で毎月第3日曜日に開かれていた場所で、地域の茶の間には「社会性のある茶の間」(河田, 2016) という意味がこめられている。

　河田さんは地域の茶の間の目的として「人と人とが知り合いになる場」、「人と人とが知り合うことでお互いの不自由を知り、自然に手を貸し合うようになる場」、「一方的に手助けを受けるのではなく、お互いさまの場」の3つをあげている (河田, 2016)。

　「地域の茶の間・山二ツ」は自治会館内において開かれていたが、それを常設の場所として開いたのが「うちの実家」である。河田さんは「うちの実家」を始めた経緯を、「「地域の茶の間山二ツ」が6年目に入ったある日、参加していたお年寄りの方たちが、「このまま帰らないで泊まりたいね。」と話すのを耳にしました。「なぜ？」とお聞きしたら、「だってもう実家もないし…。」「一人で帰れないし、行っても親も、もういないし…。」しばらく実家談義で盛り上がりました。「じゃ〜実家をみんなでつくろうか？」と手分けして、空き家探しを始めました。おかげで、まもなく理想どおりの家と、家主さんにめぐり合いました。みんなで大掃除をし、町内会に入らせていた

(写真6-3)「実家の茶の間・紫竹」周辺

(写真6-4)「実家の茶の間・紫竹」周辺

だき回覧板でお知らせしていただきました」[6-4]と振り返る。

「実家の茶の間・紫竹」は、「うちの実家」の再現依頼を受けて開かれた場所だが、ここでみたように河田さんらの30年近くの活動の蓄積の上に成立している（表6-2）。

第1章で述べた通り、新潟県は2000年に策定した「新潟県長期総合計画」において、河田さんらが始めた地域の茶の間の全県普及を打ち出し、当時70ヵ所ほどしかなかった地域の茶の間が、2003年度には687ヵ所、2013年度には2,063ヵ所と県内全域に広がっている。新潟県では2013年度に「新潟県高齢者地域ケア推進プラン」を策定し、地域の茶の間のさらなる普及を推進している[6-5]。

□運営の概要

「実家の茶の間・紫竹」は毎週月曜・水曜の週2回、10時〜16時まで開かれている。参加費は300円で、昼食を食べる人は食事代の300円を支払う。子どもは参加費、昼食費とも無料である。

（表6-2）「実家の茶の間・紫竹」関連年表

年	出来事
1991	会員制の有償の助け合い活動「まごころヘルプ」を設立
1995	安否確認と毎日の夕食を届けるために、業者、下越婦人会館、郵便局等を拠点に、退職後の男性100人を中心とする「まごころ夕食」を開始
1999	個人として自治会や老人クラブと一緒に「地域の茶の間山ニツ」を開始。その後、福祉公社まごころヘルプの自主事業として貯金事務センター、万代シティバスセンターでも開始
2000	ネットワークづくりを目的として「ごちゃまぜネット」を開始
2003	東区栗山で空き家を活用した常設型地域の茶の間「うちの実家」を開始（3月）
2007	異業種交流「夜の茶の間のネットワーク」を開始
2008	公民館での研修受講者と地縁づくりを目的に「ご近所談義」を開始
2013	『常設型地域の茶の間　うちの実家　10年の記憶　2003-2013』（常設型地域の茶の間「うちの実家」, 2013年）を刊行（3月15日）
	常設型地域の茶の間「うちの実家」を終了（3月末）
2014	新潟市から「うちの実家」の再現依頼を受け、市との協働事業として新潟市の地域包括ケア推進モデルハウス「実家の茶の間・紫竹」を開始（10月18日）
2015	「実家の茶の間・紫竹」、「開設1周年お祝い会」を開催（10月19日）
2016	河田珪子『河田方式「地域の茶の間」ガイドブック』（博進堂, 2016年）を刊行（5月）
	任意団体「実家の茶の間」と新潟市との協働により、地域の茶の間づくりの短期集中講座としての「茶の間の学校」が開校（毎週金曜の6回講座）（6月）
	「実家の茶の間・紫竹」、「開設2周年のご報告と、3年目に向けての想い等を話し合う会」を開催（10月19日）

※年表は河田（2016）、清水（2016）などを元に作成。

104

12時から13時頃までは昼食の時間だが、それ以外の時間帯は決まったプログラムは行われていない。訪れた人々はお茶を飲みながら話をしたり、オセロで対戦したり、書道をしたりと様々なことをして過ごしている（写真6-5〜7）。子どもたちが来ることもあり、子どもたちは遊んだり、宿題をしたりして過ごす（写真6-8, 9）。常設のバザーが開かれている部屋もあり、寄付された衣類、食器などが全て100円で販売されている（写真6-10）。

（写真6-5）思い思いに過ごす人々

（写真6-6）思い思いに過ごす人々

（写真6-7）思い思いに過ごす人々

（写真6-8）遊びに来た子どもたち

（写真6-9）遊びに来た子どもたち

（写真6-10）常設のバザー

□来訪者

　河田さんらによる活動は、有償の助け合い活動「まごころヘルプ」の頃から対象者を限定せずに行われてきた。このことの意味を河田さんは「最初から赤ちゃんもお年寄りも外国の人も、障がいの人も来て当たり前の場所づくりをしてきたわけね、〔まごころヘルプの〕事務所の時から。それが良かったと思う。環境がもう最初から違うから競わないじゃない。緩やかな、いい場所になるには、色んな人が居るから」［2016-08-01］と話す。

　「実家の茶の間・紫竹」は2014年10月のオープンから1年間に124回開催され、4,455人の来訪があった。1回あたりの来訪者数は約36人となる。4,455人のうち大人が約93％の4,158人、子どもが約7％の297人である。大人の年代で最も多いのは70代、次いで80代、60代となっている。来訪者の約75％が女性、約7割が紫竹の住民である*6-6)。

□運営体制

　「実家の茶の間・紫竹」は任意団体「実家の茶の間」と新潟市との協働事業によって運営されているが、日々の運営を中心に担っているのは任意団体「実家の茶の間」のメンバーである。

　「実家の茶の間・紫竹」のモデルとされた「うちの実家」も任意団体として運営されていたが、当初「うちの実家」では法人格を取得することが考えられていた。しかし、法人格取得の手続き直前7・13水害（2004年）が発生し、避難所にいた介護が必要な5人を9日間にわたって「うちの実家」で預かるという出来事があった。こうした出来事を経験し、河田さんは「何事にも心が動いたら、即、行動出来る日頃のネットワーク体制こそ大事だとわかり、法人格はとらないことに決めました」*6-7)と当時を振り返っている。

　「実家の茶の間・紫竹」の日々の運営は、「居場所担当」の当番2人と「食事担当」の当番2人、あわせて4人の当番によって運営されている*6-8)。「居場所担当」の当番は部屋で話をしたり、目配りをしたりしながら来訪者とともに過ごすことが、「食事担当」の当番はキッチンでの昼食の準備・片付けを行うことが主な役割であり、午前・午後で「居場所担当」と「食事担当」の当番は交代する。当番は手挙げ方式で自発的に申し出た人から、事務局がローテーションを組んで担当日が決められている。毎年、誰でも応募できる

ように部屋に貼り出して募集されており（河田, 2016）、紫竹の人々も当番になっている。当番とは別に河田さん、事務局のNさんは運営日には可能な限り顔を出すようにされている。

「実家の茶の間・紫竹」にはサポーターという肩書きの名刺をもつ男性が数名いる。サポーターには、当番のような明確な役割は決められていないが、来訪者と話をしたり、来訪者を見守ったり、視察、研修、取材に来た人への対応をしたり、壁の展示物を整理したり、夕方の後片付けをしながら運営を支える存在である（写真6-11）*6-9)。

当番やサポーター以外にも、大工仕事をしたり、近くの農家の人が野菜を持って来たり、家で使わなくなったものをバザーのために寄付したりと、「実家の茶の間・紫竹」には多くの人々の協力がある。キッチンから部屋まで食事を運ぶのも「食事担当」の当番だけでやるわけではない*6-10)。

食事はご飯、汁物を除いて大皿から各自が取り分けることになっているが（写真6-12）、当番、サポーターを含め、誰もが他の人の食事を勝手に取り分けることはない。自分で食べたい分を、自分で取るようになっている。このようにしている理由を河田さんは「今日だって油揚げは何枚食べたいか、お麩を何個欲しいかなんて本人が決めることでしょ。それを良かれと思って取ってあげると、「自分は手助け受けてるから、言っちゃいけない」につながっていくんですね。それがだんだん「されるままに大人しくなってれば、あそこに居られる」に変わっていって、「あれがいくつ欲しい、これはいらない」っていう意思表示ができない場を作っていくと、一人ひとりの表情がどんどん受け身態の表情に変わってくるんですね」[2016-08-01]と話している。

当番は台所以外ではエプロンをしないという決まりもある。「「地域の茶の

（写真6-11）後片付けをする当番・サポーター

（写真6-12）昼食時の様子

第6章．実家の茶の間・紫竹　　107

間」では、エプロンを身に付けて座ってお茶を飲んでおしゃべりしていると、なんだかサボっているような落ち着かない気分になり、仕事を探し始めます。また不思議なことに、エプロンをしている人達は、入り口近くに固まります。空茶わんがあると、すぐ下げて洗って···。動けない参加者からは「すみませんね。」「わるいですね。」「おさわがせしますね。」恐縮する言葉が聞こえてきます。「こんなにさわがせるなら、迷惑かけないように、うちにいよう···。」なんて気分に誰もなってほしくない。それがエプロンは台所の中だけという理由です」[6-11]。

　来訪者の人数に関わらず「居場所担当」と「食事担当」の当番はそれぞれ2人ずつにされていることも、当番だけが役割を担うのではなく「みんなが、出来ることで動く、手を貸し合う」（河田, 2016）ようにするためである。

　このように、当番、サポーターが訪れた人に一方的にサービスを提供しないことが意識されており、このことを河田さんは「ここにはサービスの利用者は一人もいない。いるのは"場"の利用者だけ」（河田, 2016）と表現している。

　運指資金については、新潟市は開設の準備費用、毎月の家賃、水道光熱費を、任意団体「実家の茶の間」は日々の運営費を負担するというように明確な分担がなされている。

　300円の参加費はお茶、コーヒー、茶菓子、紙コップ、ティッシュペーパー、トイレットペーパーを購入したり、町内会費、ボランティア保険に使ったり、当番の交通費などに充てられているが、このことを来訪者も含めて共有しておくために、参加費の使い方が部屋に掲示されている（写真6-13）。賛

（写真6-13）参加費の使い方

（写真6-14）「実家の茶の間・紫竹」前の駐車場

助会員からの年会費2,000円は表の駐車場を借りる費用にあてられている（写真6-14）。

　河田さんは行政から補助金を受けることについて、「あと何人増やせばお金をいくらもらえるかとか、これをやればお金をいくらもらえるか」[2016-08-01]という考えになってはいけないと話す[*6-12]。そして、「「駐車場がなくて困ってるから、市の方でいくらかお金出してくださいよ」って言うの簡単だけど、それを言ったらチャンスをなくすのね。2,000円の賛助会員費という形でここ参加して持ち上げていこう、関わろうと思っている人たちのチャンスなくしていくでしょ。バザーも同じですよね。だから人の力、物、もらうこと、そのものは実はここの協力者をふやしてるんです」[2016-08-01]というように、運指資金がない状態を、補助金をもらうことで解決するのではなく、多くの人々に協力してもらうための機会として捉えることの重要性を指摘している。

□建物

　「実家の茶の間・紫竹」の建物は築約45年の木造2階の一戸建て住宅を改修したものである（図6-1, 写真6-15, 16）。オープンは、河田さんらとともに紫竹の人々らがボランティアで掃除を行った。新潟市からの開設準備費を使って掃除機、炊飯器、ポットなどの電化製品と、襖紙、障子紙などが購入されたが、それ以外の家具や食器は全て寄付されたもの。河田さんは「このテーブルとか、こういう物も全部いただきものなんですね。スプーン一本、全部、全て買わないっていうね。それ自体が参加なんです。……。そういう参加

（写真6-15）約45年の空き家を活用

（写真6-16）築約45年の空き家を活用

第6章. 実家の茶の間・紫竹　　109

を促す。そして、ここに関わりの力をもらうためにお金を使わないんですよね。一人ひとりの物をもらう」[2016-08-01] と述べている。

「実家の茶の間・紫竹」の空間は広いが、来訪者のほとんどは10畳、10畳、7.5畳、4.5畳の和室がつながった部屋で過ごす。2階の部屋は会議などに利用されている。厨房、事務コーナーは当番だけが立ち入るようになっており、事務コーナーのテーブルには、当番以外は触らないでくださいという貼り紙がなされている。

河田さんは地域の茶の間は公民館、自治会館、自宅など、どのような建物であっても開くことができるが、「一番いいのはやっぱり空き家だと思ってます。どうしてかって言うと、荷物置きっ放しにできるじゃないですか。自分たちのカラーが出てきますよね。……。これ公民館とか自治会館だと、次借りる人のためにそこ置いとくわけいかないでしょ。だから、荷物置きっ放しできないから、限られた荷物の中でやっていこうとなりますよね」[2016-08-01] と話す。

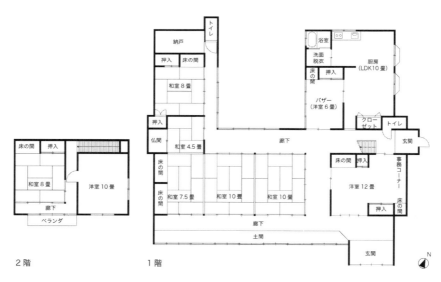

(図6-1)「実家の茶の間・紫竹」平面図

□大切にされていること

「お年寄りが生きてきた生活の歴史とか、みんな違うじゃないですか。得意なことも、環境も。だから画一的なことをすればする程、サークルになっていくんですね。それが好きな人しか集まらない。何もしなければ、誰でも来れるわけでしょ」[2016-08-01]。このような考えから、「実家の茶の間・紫竹」では決まったプログラムは提供されていない。

決まったプログラムが提供されていないことは、人々は来たい時に来て、思い思いに過ごせるということだが、もし居心地が悪ければ、二度と来てもらえないことにもつながる。人々が来たい時に来て、思い思いに過ごせる場所を実現するために、「実家の茶の間・紫竹」では数多くの配慮がなされている。

やって来た人が部屋に入るまでに生じる心理的なバリアを取り除くこともそのための配慮である。入りやすい場所とするため、雨の日でも、風の日でも玄関の扉が開けっ放しにされている (写真6-17, 18)。玄関を入った人は、正面の台に置かれたテーブルに名前を記入し、参加費と食事代を箱に入れる (写真6-19, 20)。受付の人がいるわけでないので、自分自身で参加費、食事代を箱に入れ、お釣りも箱から自分で取る。「誰も見てなくても、お釣りも自分で取るってことは、……、「お釣りを余分に取ったと思われないかな」とか「お金を入れたっていうの誰も証明してくれないのかな」とかって思うことで、まずバリアになるのはそこなんですよ。でもそれが普通になった時、「ここは私を信じてくれる場所」に変わっていきます」[2016-08-01]と河田さんは話す。

(写真6-17) いつも開け放たれた玄関の扉

(写真6-18) いつも開け放たれた玄関の扉

そして、多くの人々が過ごす部屋に入るが、部屋の戸を開けるのが最も大きな心理的なバリアになると河田さんは話す(写真6-21)。「笑い声とか話し声とか、外に漏れ漏れですね。楽しげですね。その時、戸を開けた時、みんなが「何、あの人何しに来たの？」「誰、あの人？」とかって怪訝な目がぱっと向いたら、それだけで入れなくなったりする。だから、来てくださった方にどこに座ってもらうかまで考えてる。初めて来た人は、できるだけ外回りに座ってもらおう。そうすると、あんなことも、こんなこともしてる姿が見えてきますね。すると、色んな人がいていいんだっていうメッセージが、もうそこへ飛んでいってるわけですね。そっから始まっていくんです」[2016-08-01]。部屋のテーブル配置については、「会議風のロの字はさけて、5～6人単位で座れる様に散らばる配慮をする」こと、固定席にならないよう「テーブルの配置を常に変える」こと、そして、「戸を開けたとき、視線が集中しない配置にする」こと(河田, 2016)が意識されている(写真6-22)。
　部屋のよく見える場所には「その場にいない人の話はしない(ほめることも

(写真6-19) 玄関

(写真6-20) ノート、参加費・食事代をいれる箱

(写真6-21) 部屋の戸

(写真6-22) 部屋に置かれた様々テーブル

含めて)」、「プライバシーを訊き出さない」、「どなたが来られても「あの人だれ!!」という目をしない」という約束事が書かれた紙が何枚も掲示されている（写真6-23, 24）[*6-13]。

　訪れた人は紙コップに名前を書いて、1日その紙コップを使うことにされている（写真6-25）。紙コップを使うのは相手の名前を覚えたり、感染症を予防したりするためであると同時に、「食器を洗わせて申し訳ない」という気持ちを抱かせないようにするためでもある。この他にも、「こっち、こっち」と手招きして仲間同士で固まったり、仲間同士で電話で待ち合わせをして集まったりするのを禁止すること。オセロ、将棋、書道の道具など、希望されたものは何でも揃えておくこと。食べるのが遅い人でも気兼ねなくゆっくりと食事ができるよう、最後の1人がお箸をおくまで食器を片付け始めないこと。決まったプログラムを提供するのではなく、それぞれが思い思いに過ごせる場所を実現するためには、ここにあげたような多くの配慮がなされている。いずれも30年近くの活動を通して見出され、継承されてきたものであり、河田さんはこれを「参加者の約束事」、「居心地のいい場づくりのための作法」（河田, 2016）と表現している。

　当番の振るまいについても、「当番は、その日一番手助けが必要な人や、心寄り添ってほしいと思っている人の傍にいるようにする」、「当番は、まず自分が〔一人っきりの方の〕隣へ行き、話の内容から誰とつなぐか考えて頃合いを見てつなぐ」（河田, 2016）というように明確にされている。「当番さんたちに大事なことは、〔1人を〕味わってる人なのか、誰も話をしてくれる相手もいなくて、溶け込めなくて孤独でいるのかの見極めができないといけ

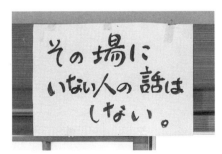

（写真6-23）部屋に貼られた約束事

（写真6-24）部屋に貼られた約束事

ない」[2016-08-01]、「一人ぼっちでぽつんとしてね、所在なく居るかどうか。あるいは、一人ぼっちを楽しんでるかどうかっていうのをまず見てますね。いつもそれは見てます。それから、先程のようにお手洗い行きたい時に、あれだけ重度になると、誰に声かけていいかわかんないですよね。だから声かけやすい顔をしてること。どんなに忙しいように見えても、声かけてもらえる顔してること。それは気をつけてるかな」[2016-08-01] と河田さんは話す。

「実家の茶の間・紫竹」で目指されているのは、「大勢の中で、何もしなくても、一人でいても孤独感を味わうことがない"場"(究極の居心地の場)」(河田, 2016) なのである。一人ひとりが集団の中の1人ではなく、個人として居られるようにすること、けれども、その個人と個人とは決して孤立して居るわけではないこと。第2章で見たように、まさに「個人として、孤立せずに」居られるという、個人の尊厳を大切にする場所にすることが目指されている。

ただし、尊厳が大切にされる個人とは、決して来訪者のことだけではない。当番、サポーターという運営に関わる人々の尊厳も同じように大切にされている。先に述べた通り、部屋には約束事が掲示されているが、これは約束事が破られた時にそれを指さしできるからである。当番、サポーターの中にも紫竹の人がいるが、同じ地域の人の振る舞いを言葉で注意することは、地域内での人間関係をギクシャクさせることにつながりかねない。言葉で注意するのではなく、約束事が書かれた紙を指させば、そうした人間関係のギクシャクを避けることができると考えられてのことである。「その人にとっては大切なね、ずっと死ぬまで生きていく場所でしょ。そうすると、ここの場を良くするために言った言葉でも、偉そげにっていう話になるので、それで指

(写真 6-25) 紙コップに名前を書いて利用

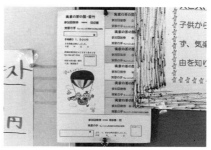

(写真 6-26) 「実家の手」

さしにしたんですね。そうすれば、自分がそう思ってる、思ってないじゃなく、役割として指さしてるというふうに、みんなも「あんたも大変だね」って言ってもらえるわけですね」[2016-08-01]。

当番やサポーターは、同じ地域の人に約束事を伝えなければならない場合がある。その際に、個人として言うのではなく、サポーターや当番という役割として言っていることにしておく。このことによって、注意している人自身を守ろうとする配慮がなされている。

□活動の変化・展開

「実家の茶の間・紫竹」では、空き家を活用して運営している場所を居場所にすることだけではなく、そこで築いた関係を、どうやって地域に広げていくかも目指されている。そのツールが「実家の手」という参加回数券である（写真6-26）。「実家の茶の間・紫竹」の参加費は1回300円だが、「実家の手」は参加券6枚セットで1,500円であり、1回250円で参加することができる。ただし、「実家の手」は参加費を割引にするためだけに発行されているのではない。「実家の手」は「ごみ出しや買い物、電球交換、ペットの世話、ボタン付け、パジャマのすそあげなどのちょっとした手伝い」（河田, 2016）のお礼に利用することができる。手助けのお礼として「実家の手」を何枚渡すかはその時々で判断することになっており、手助けした側は、お礼として受け取った「実家の手」を利用できるという仕組みである。

先に述べた通り、河田さんらは1991年に「まごころヘルプ」という有償の助け合い活動をスタートさせた。「まごころヘルプ」では「手助けに行く側の自己満足ではなく、来てもらう、手助けを受ける側の立場に立つ」こと、つまり「当事者性を大切にする」（横川, 2004）ことが目指されていた。そのために代表者の河田さん自身が「まごころヘルプ」の利用者となり、「代表者の私が傷つかない仕組み、助けてもらえる仕組み」[2016-08-01] が、自身の経験として1つずつ作りあげられていったのである。そうして作りあげられた仕組みがまとめられたのが「まごころヘルプ」のガイドブックであり、「実家の茶の間・紫竹」における「参加者の約束事」、「居心地のいい場づくりのための作法」（河田, 2016）はこのガイドブックが元になっている。

河田さんは「まごころヘルプ」について「町内で始めると、人は頼まない

んですよね。なかなか家の中のことを外に漏らしたくないですし、見られたくないですし、評価されたくないからね。「まごころヘルプ」は全市を相手にした、あるいは、市外も相手にしたわけ。だから上手くいったんですね」[2016-08-01] と振り返る。しかし、これでは地域内に助け合いの関係は広がっていかない。「実家の茶の間・紫竹」、そして、「実家の手」は「できるだけ自分の住んでる身近な、自分のところで助け合っていこうっていう、もっとハードルの高い目的」[2016-08-01] をもった活動なのである。ガイドブックに書いたことが「実家の茶の間・紫竹」の中で当たり前になり、「自分から、「悪いけどちょっと手を貸して？」って言える、そういう関係づくりをしていけば地域全体が助け合えるようになる」[2016-08-01] と河田さんは話す。

□今後に向けた展望・課題

「実家の茶の間・紫竹」は「とっても大切な居場所だけれども、それにとどまらないで、やっぱりご近所だっていうことですからね、困った時に「助けて」って言える関係作りを育むようなきっかけの場所でもあって欲しいわけです」[2016-08-01] と河田さんは話す。「実家の茶の間・紫竹」とは、空き家を活用して開かれた一人ひとりの個人としての尊厳を大切にする居場所であると同時に、一人ひとりが尊厳をもって暮らせるための地域を実現するための拠点でもある。

「実家の茶の間・紫竹」では、紫竹の人々が中心とする運営していける体制を築くことが模索されている。新潟市は、「実家の茶の間・紫竹」の取り組みをふまえ、市内の全区に同様のモデルハウスを開設する計画である[*6-14]。いずれの場合においても、「実家の茶の間・紫竹」における「参加者の約束事」、「居心地のいい場づくりのための作法」（河田, 2016）の継承と、運営の担い手の育成が課題となる。そのために、2016 年 6 月から任意団体「実家の茶の間」と新潟市との協働により、地域の茶の間づくりの短期集中講座としての「茶の間の学校」が開校されている。「少子高齢化社会がもたらす不安と孤立を解消する『地域の茶の間』をテーマに、地域の居場所づくりやお互いさまの人間関係づくりを学び合う」ことが「茶の間の学校」の目的である（清水, 2016）。

広井（1997）は、「「ケア」という言葉は、①狭くは「看護」や「介護」、②

中間的なものとして「世話」といった語義があり、③もっとも広くは「配慮」「関心」「気遣い」というきわめて広範囲な意味をもつ概念である」と指摘している。ケアとは広がりのある意味をもつ概念なのである。地域包括ケアとは、高齢者の自立支援と介護の仕組みを作ることではなく、尊厳をもった一人ひとりが、配慮し合い、関心をもち合い、そして、気遣い合えるような地域に包まれた暮らしのことだと言える。「実家の茶の間・紫竹」とはそのような豊かな暮らしを実現するためのモデルである。

第7章. 運営の継続

　運営継続のために必要なこととして一般的にあげられるのは人、もの（場所・物品等）、お金を確保することである。本章では「親と子の談話室・とぽす」、「ひがしまち街角広場」、「居場所ハウス」、「実家の茶の間・紫竹」を人・もの・お金、それぞれの観点から改めて整理した上で、共通点として浮かびあがってくるポイントについて考察する。そのポイントは、人・ものの確保に関わる「セミパブリックな空間」、もの・お金の確保に関わる「ブリコラージュ」、お金・人の確保に関わる「ホスピタリティ」である（図7-1）。

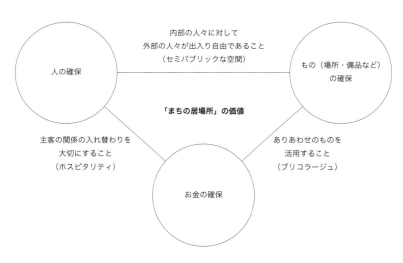

(図7-1)「まちの居場所」における人・もの（場所・備品等）・お金の確保

118

7-1. 人の確保

　人の確保に関して、本書で対象とする4つの場所では、どのような体制で運営されているか、運営スタッフはどのように募集されているか、後継者についてどのように考えられているかをみることとする。

　「親と子の談話室・とぽす」は白根さん夫妻が個人で運営してきた場所である。パートを雇用していた時期もあるが、30年近くの運営で中心になってきたのは白根さんである。白根さんは80代になっているが、これからも自分が可能なかたちで運営を継続する計画であり、いずれ自分が運営できなくなれば、ずっと大切にしてきた「年齢、性別、国籍、所属、障害の有無、宗教、文化等、人とのつきあいの中で感じる「壁」を意識的に取り払い、より良いお付き合いの場所」[7-1]というビジョンを守ってくれる人に継いで欲しいと考えている。そして、「私がもう働けなくなったら、誰か出てくるんじゃないかなぁと思うね。うちの子ども6人いますから。女の子5人、誰かやれるかなと思う」[2016-03-10]と、自分の子どもの中の誰かが継いでくれるのではないかと話している。

　「ひがしまち街角広場」はニュータウンの第一世代の女性がボランティアで、15年以上にわたって運営し続けてきた場所である。当初はボランティアの人数を確保するために自治会連絡協議会、公民分館、校区福祉委員会、地域防犯協会といった地域の既存の団体ごとに運営を担当していたが、オープンから半月もたたないうちに団体に所属していない人が入りにくいという不都合が出てくる。そこで、以降は既存の団体とは関係なく、それぞれが個人としてボランティアに入ることに変更され現在に至っている。以前は、室内の見えやすいところに1ヶ月ごとのカレンダーが貼られており、ボランティは自分が入れる日のところに名前を書いて担当日を決めていた。空白になっている日は、まだボランティアが決まっていないため、空白を埋めるように担当日が調整されていた。

　15年以上にわたる運営を担ってきたスタッフの高齢化が進んでいるが、住民が特定の世代に偏るというニュータウン特有の状況があるため、第一世代の下の世代の人口は極端に少ない。このことが、ボランティアの後継者を見つけるのを困難する大きな要因になっている。

　「ひがしまち街角広場」の運営のあり方は、初代代表であった赤井さん

第7章. 運営の継続　119

の考えによるところが大きく、赤井さんがいるから運営できているという指摘もなされていたが、代表は2011年5月にYさんという男性に、さらに、2013年4月に太田さんに代わった。代表が赤井さんから代わって既に5年半以上になるが、「ひがしまち街角広場」の運営は継続されている。太田さんは、自身と赤井さんとの役割の違いについて「最初に立ち上げる時のエネルギーはすごいものがある。地域にちゃんと色んなネットワークを持っていないと、アイディアとして出てこない。……。今までの人間関係を上手く見ておいて、そこから人材を選んでくるとかそういう能力がある。継いでいく者はそれをどう維持していくかだから、人間関係がごちゃごちゃしてきた時にどうまとめるか。……。引っ張っていくんじゃなくて、ちょっとみんなの意見聞きながら押していくという。そこはやっぱり違う」［2016-06-13］と話している。

「居場所ハウス」では、当初はボランティアで運営することが計画されていたが、十分なボランティアが集まらなかったためパートを雇用することになった。現在は月・火・金曜の週3日をパートで、水・土・日の週3日をボランティアで運営している。パート、ボランティアの両方の人によって運営がされているが、パートの都合が悪い日はボランティアがパートと一緒に運営を担当したり、土・日曜に大きな行事が行われる場合はパートがボランティアでサポートしたりと柔軟な対応がなされている。

「実家の茶の間・紫竹」は、河田さんらが、新潟市からの「うちの実家」の再現依頼を受けて開かれた場所である。現在、日々の運営は河田さん、河田さんと「まごころヘルプ」、「地域の茶の間・山二ツ」、「うちの実家」などの活動を共にしてきた人、そして、紫竹の人々が一緒になって担っている。ただし、いずれは紫竹の人々が運営の中心になることが期待されており、そのための体制を築くことが模索されている。1日の運営は「居場所担当」の当番2人と「食事担当」の当番2人、あわせて4人の当番が担当している。当番は手挙げ方式で募集されており、誰でも応募できるように部屋に貼り出して募集するという配慮がなされている。当番の他にサポーターとして来訪者と話をしたり、来訪者を見守ったり、視察、研修、取材に来た人への対応をしたり、壁の展示物を整理したり、夕方の後片付けをしながら運営を支える男性もいる。

7-2. ものの確保

　本書で対象とする4つの場所のうち「親と子の談話室・とぽす」と「居場所ハウス」は新築された建物で、「ひがしまち街角広場」と「実家の茶の間・紫竹」はそれぞれ空き店舗、空き家を改修して運営されている。

　「親と子の談話室・とぽす」の建物は白根さん夫妻の自宅がある土地に、白根さんの夫である喜代志さんが経営する工場の食堂という位置づけで新築された。建物の設計は白根さんの思いを聞いた知り合いによるものであり、空間やテーブルなどの家具は、白根さんの思いが大きく反映されたものになっている。

　「ひがしまち街角広場」は千里ニュータウンの近隣センターの空き店舗を活用して2001年9月にオープンした場所である。2006年春に店舗の契約期間が切れた時には、近隣センターで運営しないと意味がないと考えられ、同じ近隣センターの他の空き店舗に移転して運営が継続されることになった。2001年のオープン時、2006年の移転時の空き店舗の改修・清掃にはスタッフだけではなく、地域の人々らも作業に関わっている（写真7-1）。テーブルや椅子などの家具、食器、掲示板などは家庭や公民館などから持ち寄って揃えられた。

　「居場所ハウス」は築約60年の古民家を移築・再生したものである。基本設計は北海道大学建築計画学研究室の教員・学生によって行われたが、オープンまでに開かれたワークショップでは、地域の人々が設計を確認したり、意見を言ったりする機会がもうけられている。「居場所ハウス」で特徴的な

（写真7-1）地域住民らによる
「ひがしまち街角広場」の移転作業

（写真7-2）「居場所ハウス」における
柱の撤去作業

第7章. 運営の継続　　121

ことは、オープンしてから地域の人々が屋外に食堂を建設したり、和室と土間の間の柱を撤去したり、勝手口を取り付けたりと空間に大きく手を加えてきたことである（写真7-2）。

「実家の茶の間・紫竹」は築約45年の民家が利用されており、オープン時には河田さんらとともに、紫竹の人々も改修、清掃作業に参加している。家具、備品、食器は寄付されたものである。河田さんは、地域の茶の間は公民館、自治会館、自宅でも開くことができるが、「一番いいのはやっぱり空き家だと思ってます。どうしてかって言うと、荷物置きっ放しにできるじゃないですか。自分たちのカラーが出てきますよね。……。これ公民館とか自治会館だと、次借りる人のためにそこ置いとくわけいかないでしょ。だから、荷物置きっ放しできないから、限られた荷物の中でやっていこうとなりますよね」[2016-08-01] と話している。

このようにみてくると、いずれの場所においても空間は専門家によって一方的に用意されたものではない。「まちの居場所」とは専門家が作った空間を地域の人々が利用することで開かれるのではなく、空間に手を加えるというプロセス自体が、「まちの居場所」の活動になっているのである。

7-3．お金の確保

大分大学福祉科学研究センター (2011) では全国166ヵ所のコミュニティ・カフェを調査し、採算が黒字の場所は約4％、収支がバランスしている場所は50％、赤字の場所は約44％であること、補助金を除けば約7割が赤字であることを明らかにしている。この調査結果からは、「まちの居場所」が運営資金を確保、獲得するのは困難だということが伺える。以下では本書で対象とする4つの場所の主な収入と、費用の負担の仕方をみることとする（表7-1）。

「親と子の談話室・とぽす」の建物は白根さん夫妻の自宅がある土地に新築されたものであり、建設費は白根さんの夫の喜代志さんの会社によって負担されている。主な収入は飲物、食事の売上げと、絵手紙教室などの活動の参加費であり、これらの収入で水道光熱費、カフェの食材費を負担している。白根さん夫妻や家族も「親と子の談話室・とぽす」で食事をすることがあるため、食事に関する食材費は、家族の食費として白根さん夫妻が個人として

負担している。運営資金は決して十分ではないが、「確かにお金をたくさんいただければ、その分、来ていただく方たちにもっともっといいサービスができるかなと思うんだけど。……。だけど、「これはいけない、あれはいけない」とかね、「こうしろ、ああしろ」って言われたらね、やったあれがないなって、夢も何もなくなっちゃうなって」[2005-02-19] と白根さんが話すように、補助金を受けると活動の縛りや報告の義務が生じるため、白根さんの意志によって補助金を一切受けずに運営されてきた。

　「ひがしまち街角広場」は豊中市の社会実験としてオープンした場所である。オープン時には豊中市の負担で空き店舗の改修、清掃が行われた。半年

(表7-1) 開設費・運営費の負担

		親と子の談話室・とぽす	ひがしまち街角広場	居場所ハウス	実家の茶の間・紫竹
収入	主な収入 （補助金・寄付金を除く）	飲物代、食事代、活動の参加費	飲物代	飲物代、食事代、朝市売上げ、教室の参加費、会場使用料、NPO法人会費（正会員・賛助会員）	参加費、食事代、バザー売上げ、年会費（紫竹以外の人）、賛助会員会費
	補助金に対する考え方	補助金をもらうと自由な運営ができないため、補助金はもらわない	補助金で運営費を補填する状態は、場所が地域に必要とされていないことであるため、補助金をもらってまで運営を継続する必要はない	補助金に依存しない運営を目指すが、自立までの期間は補助金を活用する	開設準備費、家賃、光熱費というハード的な維持費は協働事業相手である行政が負担
支出	開設準備費 （建物建設・改修・設備購入など）	白根さん夫妻が個人で負担（建物を新築）	行政が負担（空き店舗の改修）	米国企業からの災害支援基金（古民家の移築・再生、備品購入）、行政からの補助金（備品購入）	行政が負担（古民家の改修）
	土地・建物	白根さん夫妻が個人で負担	○ （家賃）	△ （土地の賃借料）	行政が負担（家賃） ※駐車場代は賛助会員の会費より支出
	水道光熱費	○	○	△	行政が負担
	カフェの食材費	○	○	△	○
	食事の食材費	白根さん夫妻が個人で負担	× （食事は提供していない）	△	○
	人件費	× （無し）	× （ボランティアで運営）	△	○ （当番の交通費）

※表中の「○」印は、補助金を除く収入によって負担していることを表す。
※「親と子の談話室・とぽす」は白根さん夫妻の自宅がある敷地に建設されており、白根さん夫妻、白根さん家族も「親と子の談話室・とぽす」で食事をする。そのため、食事の食材は自分たちの食費として、白根さん夫妻が個人的に負担している。
※「居場所ハウス」の「△」印は、得られた収入による自己資金と補助金の両方を用いて負担していることを表す。

第7章. 運営の継続　　123

間の社会実験終了後は行政からの補助金を受けない「自主運営」がなされており、飲物の100円の「お気持ち料」によって全ての費用が負担されている。赤井さんは「「街角広場」に誰も来なくなったら補助金もらうのではなく、そうなった時には「街角広場」は閉めようと。地域のみなに必要とされてないものは潔く閉めましょうといつでも言ってます」[2007-02-25] と話している*7-2)。

「ひがしまち街角広場」では食事の提供を行っていないため調理にかかる設備は必要ない。プログラムを提供していないため種々の備品も必要ない。ボランティアで運営しているため人件費も必要ない。「ひがしまち街角広場」とは「みんなが何となくふらっと集まって喋れる、ゆっくり過ごせる場所」[2005-09-01] に特化した場所を費用をかけずに運営するというスタイルで、15年以上運営が継続されてきた。食事が提供されていない代わりに、他の店で購入した食事を持ち込むことができるようになっているが、これはスーパーマーケットなど商店が集まる近隣センターで運営しているという地域の状況ゆえに成立するものである（写真7-3）*7-3)。

「居場所ハウス」は米国ハネウェル社からの基金によって新築された建物に開かれている。オープン以来、主に民間の団体からの補助金を活用して運営しているが、補助金に依存しない運営体制を確立することを模索している。そのために朝市の開催、食堂の運営、販売コーナーの設置というように活動の幅を広げてきた。これは、周囲に食事や買物のできる店舗がほとんどない地域の状況を受けたものでもある。しかし、活動の幅を広げることは設備や

(写真7-3) 新千里東町の近隣センター

(写真7-4)「実家の茶の間・紫竹」に掲示された参加費の使い方

備品、運営スタッフが必要になるということでもある。つまり、「居場所ハウス」の運営のあり方は費用をかけて、地域に不足しているものを補おうとするものだと言える。

　運営費をかけずに運営されている「ひがしまち街角広場」と、費用をかけて地域に不足しているものを補おうとする「居場所ハウス」とでは運営のあり方は対象的だが、周囲に店舗や施設が多数ある地域で運営されている「ひがしまち街角広場」と、周囲に店舗や施設がほとんどない地域で運営されている「居場所ハウス」というように、運営のあり方は地域の状況を反映しているという点では共通している。

　「実家の茶の間・紫竹」は、任意団体「実家の茶の間」と新潟市との協働事業として運営されており、両者が負担する費用が明確に分けられている。開設準備費に加えて、建物の家賃、水道光熱費という空間を維持するための費用は新潟市が、食材費と当番の交通費など運営にかかる費用は任意団体「実家の茶の間」が負担している。この分担によって、空間の維持が保障されるとともに、任意団体「実家の茶の間」が日々の運営を創意工夫できるという自由が保障されている。任意団体「実家の茶の間」が負担している費用については、参加費の使い方が部屋に掲示されたり（写真7-4）、賛助会員の年会費は駐車場代にあてられたりするなど、収入の使い方が明確にされ、みなで共有することが意識されている。

　このようにまとめると、「親と子の談話室・とぽす」を除いた3つの場所では、運営費の負担について共通点がみられることがわかる。それは、「ひがしまち街角広場」は建設省（現・国土交通省）の「歩いて暮らせる街づくり事業」とそれを受けた豊中市の社会実験として、「居場所ハウス」は東日本大震災後、ワシントンDCの非営利法人「Ibasho」の提案がきっかけとなり、米国ハネウェル社からの基金を受けて、「実家の茶の間・紫竹」は新潟市による地域包括ケア推進モデルハウスとしてオープンしたという、地域外からの働きかけがオープンになっていることである。地域外からの働きかけがきっかけとなりオープンした場所を、地域の人々が中心となって運営しているか、運営していくことが模索されている。これを結果としてみれば、地域の人々は地域外からの支援に依存していないということになる。このことに関する共通点は2点ある。

第7章. 運営の継続　125

1点目は誰が開設準備費を負担しているかである。「ひがしまち街角広場」では空き店舗の改修、清掃費用が豊中市によって負担されていた。「居場所ハウス」では建物の建設費が米国ハネウェル社からの基金によって負担されていた。「実家の茶の間・紫竹」では空き家の改修、清掃費用が新潟市によって負担されていた。いずれの場所においても、地域外から働きかけた主体が開設準備費を負担している。

　2点目は地域外から働きかけた主体が費用負担する期限と項目が明確になっていることである。「ひがしまち街角広場」では豊中市による社会実験は半年間と期限が定められており、それ以降、豊中市による財政的な支援は行われていない。「居場所ハウス」では米国ハネウェル社は建物の建設費と、オープン当初に必要な備品などの購入費、建物のメンテナンス費を負担しているが、日々の運営にかかる費用は負担していない。「実家の茶の間・紫竹」では新潟市は開設準備費に加えて、建物の家賃、水道光熱費という空間を維持するための費用のみを負担するというように、費用負担が明確にされている。

　これらの2つの点から言えるのは、地域外の主体が開設準備費を負担すること、地域外の主体が費用負担する期限と項目を明確にしておくことは、地域の人々が主体となって運営していくことを妨げるものではないということである。

7-4. 内部の人々に対して外部の人々が出入り自由であること
（セミパブリックな空間）

　「まちの居場所」におけるひと、ものの確保に関わることとして、「セミパブリックな空間」の実現が1つのポイントになる。「まちの居場所」では、仲間だけで過ごすのではなく、多様な人々が自然に集まり、関わりをもてる場所を意図的にどうやって実現するかが考えられていると言える。これは劇作家・平田オリザによる演劇を作る方法論に通じるところがある。

　平田（1998）は現代演劇の役割は「私に見えている世界を、ありのままに記述すること」だとし、人々の関わりが生まれる場所や状況を丁寧に描き、台詞のリアルさを追求する。平田は、演劇における台詞を「お互いに相手のことをよく知らない、未知の人物」と交わす「新たな情報交換や交流」と

しての「対話」、「家族、職場、学校での、いわゆる「日常会話」」のように「すでに知り合っている者同士の楽しいお喋り」としての「会話」と分類し、演劇を見ている人に有効な情報を伝えるためには、「対話」を用いる必要があると述べている。「お互いに相手のことをよく知らない、未知の人物」と交わす「新たな情報交換や交流」である「対話」をいかに自然なものとして生み出せるかという平田の方法論は、「まちの居場所」においても参考になる。それが「セミパブリックな空間」である。

　平田は空間を、家の茶の間のような「プライベートな空間」、美術館のロビーや大学の研究室、サナトリウムの面会室のような「セミパブリックな空間」、道路や広場のような「パブリックな空間」の3つに分類している（表7-2）。「プライベートな空間」では「会話」が交わされるだけであり、「パブリックな空間」では「ただ人々はその場所を通り過ぎるだけだから、会話自体が成り立ちにくくなる」。そのため、平田は自然なかたちの「対話」を生み出すためには「セミパブリックな空間」を演劇の舞台に選べばよいと述べている。「セミパブリックな空間」とは「物語を構成する主要な一群、例えば家族というような核になる一群がそこにいて、そのいわば「内部」の人々に対して、「外部」の人々が出入り自由であるということが前提になる」場所である。

　この指摘をふまえれば、多様な人々が自然に集まり、関りをもてる場所を意図的に生み出すためには、「まちの居場所」は「プライベートな空間」で

（表7-2）平田（1998）による「プライベートな空間」「セミパブリックな空間」「パブリックな空間」

プライベート（私的）な空間	セミパブリック（半公的）な空間	パブリック（公的）な空間
父　母　内部　姉　弟	他者（外部）　内部	他者　他者
会話は弾むが、［演劇を見ている］観客に有効は情報は伝わらない	他者が出入り自由な、対話の成り立つ空間	人々はその場所を通り過ぎるだけだから、会話自体が成り立ちにくくなる

※平田（1998）に掲載されている図をもとに作成した。「会話」（conversation）とは「すでに知り合っている者同士の楽しいお喋り」、「対話」（dialogue）とは「他人と交わす新たな情報交換や交流」のこと（平田，1998）

も「パブリックな空間」でもなく、「セミパブリックな空間」になっている
必要がある。「セミパブリックな空間」においては、「「外部」の人々が出入
り自由である」だけではなく「「内部」の人々」の存在も重要だが、これま
で「まちの居場所」では「外部の人々」としての来訪者がいかに自由に出入
りできるかが頻繁に考察されてきた反面、「内部の人々」としての運営スタ
ッフがいかに居ることができるかは十分な考察がされてこなかった。本書で
対象とする4つの場所では、運営スタッフと来訪者とをサービスする側／さ
れる側という固定された関係にしないことが大切にされていたが、運営スタ
ッフには特定の役割があるという意味で、両者は全く同じように過ごしてい
るわけではない。

　以下では「セミパブリックな空間」の意味を、「居場所ハウス」の運営体
制の変化とともに考察してみたい。

　「居場所ハウス」はボランティアで運営することが考えられオープンした
が、オープン当初は十分なボランティアも集まらず、誰が運営に責任をもつ
のかも曖昧であった。この時点では「居場所ハウス」には「内部の人々」が
いない状態だったと言える。

　ボランティアが集まらなかったため、2013年7月1日から9月30日まで
の3ヶ月間、Tさんという女性1人をパートとして雇用することになる。パ
ートでの運営が始まってから2ヶ月が経過した9月4日に開催された理事会
では、パートの立場と、キッチンの使い方が議題として取り上げられた[7-4]。
ボランティアで運営することが考えられていた場所にパートが加わったが、
パートとボランティアの立場の違いが曖昧であり、Tさんは自分だけ給料を
もらうのが申し訳ないと話していたこともあった。また、キッチン内に置か
れた冷蔵庫はボランティアや来訪者が勝手に開けてよいのか、パートのTさ
んに許可を得てから開けるのかも決められていたわけではなかった。パート
のTさんの立場が曖昧だったのは、キッチンの配置も影響している。「居場
所ハウス」では「利用者がサービスを受けるだけでなく主体的に活動に関
わることのできることを目指して、利用者がキッチンに入りやすいと感じら
れる」ようにするために、「キッチンを土間に対し垂直に配置しかつ土間と
同じテクスチャーにすることで土間とキッチンに連続性を持たせた」（生越,
2014）設計がなされた。実際に来訪者がキッチン内に入ったり、カウンター

に座ったりすることもあったという意味で(写真7-5)、設計意図通りに利用されていたと言えるが、そのことがかえってパートが「内部の人々」として居ることを困難にしていた側面がある。

「親と子の談話室・とぽす」、「ひがしまち街角広場」にもカウンターがあるが、カウンター内のキッチンに入るのは白根さん、その日の運営を担当するボランティアだけである。「実家の茶の間・紫竹」では食堂、事務テーブルには当番だけが入ることにされている。来訪者のほとんどが過ごす部屋にはカウンターはなく当番は来訪者と一緒に過ごしているように見えるが、「当番は、その日一番手助けが必要な人や、心寄り添ってほしいと思っている人の傍にいるようにする」、「当番は、まず自分が〔一人っきりの方の〕隣へ行き、話の内容から誰とつなぐか考えて頃合いを見てつなぐ」というように、来訪者と一緒に過ごしているように見える当番の振るまい方が「居心地のいい場づくりのための作法」(河田, 2016)として明確にされている。これらは、いずれも「内部の人々」を成立させることにつながっていると言える。

「居場所ハウス」ではTさんがパートをやめた後、再びボランティアだけで運営することになったが、この時点でも十分な人数のボランティアが集まらず、特定の人に負担が集中するという状況になっていた。そこで2014年1月14日から3人の女性をパートとして雇用し、月・水・金はパート2人の体制で運営することになった。この直後、2014年2月末にはキッチン脇に勝手口を設置した(写真7-6)。「居場所ハウス」の使われ方を継続的に調査してきた生越(2016)は、3人の女性のパートへの雇用と勝手口の設置という2つの出来事の前後で、カウンターの使われ方が変化していると指摘している。

(写真7-5) カウンターで過ごす来訪者

(写真7-6) 設置された勝手口

以前は土間のカフェスペースと「ゆるやかにつながっていた」カウンターが、パートの雇用と勝手口の設置後は、カウンターに運営に関わる物が置かれるようになり「運営のための空間に変化している」という指摘である。生越はカウンターの使われ方の変化を設計意図からずれるものとしてやや否定的に捉えているが、パートが2人体制になったこと、キッチン脇の勝手口から来訪者は出入りしないことから、キッチンとカウンターがパートの領域として、つまり、「内部の人々」が居るための領域としての性質を持ち始めたと捉えることもできる。

2015年5月8日から屋外に建設したキッチンスペースを使って食堂の運営をスタートさせた。食堂を運営している11時半〜13時半の時間帯、その日の運営を担当するパート、ボランティアは屋外のキッチンスペースで調理をする時間が多くなるため（写真7-7）、この時間帯、「居場所ハウス」内では来訪者がお茶をいれたり、キッチンで食器を洗ったりする光景がみられるようになった（写真7-8）。屋外のキッチンスペースが、その日の運営を担当するパート、ボランティアしか立ち入らない「内部の人々」の空間になったことで、パート、スタッフが不在の「居場所ハウス」のキッチンには再び来訪者が入るようになったと考えることができる[7-5]。

「居場所ハウス」の運営体制と空間の変化をみれば、「まちの居場所」における運営スタッフと来訪者との緩やかな関係は、両者が同じ立場にあることを意味するのではなく、「内部の人々」が存在するからこそ実現するものだと言える。「まちの居場所」の人・ものの確保を考える場合には、「外部の人々」がいかに出入り自由であるかに加えて、「内部の人々」がいかに居ら

（写真 7-7）屋外のキッチンスペースでの調理

（写真 7-8）食器を洗う来訪者

れるかという視点も欠かせない。

7-5. ありあわせのものを活用すること（ブリコラージュ）

　ものの確保、お金の確保に関わることとして、ありあわせのものを活用して、自分たちで空間を作りあげることを指摘することができる。

　「ひがしまち街角広場」、「実家の茶の間・紫竹」は空き店舗、空き家という活用されていなかった建物が利用されており、地域の人々も改修や清掃する作業に関わっている。家具、備品、食器は持ち寄ったり、寄付されたりしたものを利用していた。いずれの場所も建物、家具、備品、食器などが、運営に利用できるものと読み替えられることで活用されている。赤井さんの「「街角広場」の場合は、もう一から十までありあわせを集めてこしらえたような場所ですから。もうそれこそ、スプーン1本、箸1本、全部持ち寄りのありあわせです」、「自分たちの家で余ってる物を持って来てるから、自分の身の丈に合ったものばっかりなんですね。来るおばさんたちも自分の身の丈に合ったもの。だからそれを使い、上手く使いこなせたんだと思います」[2005-02-19] という言葉、河田さんの「このテーブルとか、こういう物も全部いただきものなんですね。スプーン一本、全部、全て買わないっていうね。それ自体が参加なんです。……。そういう参加を促す。そして、ここに関わりの力をもらうためにお金を使わないんですよね。一人ひとりの物をもらう」[2016-08-01] という言葉は、ありあわせのものを活用することは単にお金の節約になるだけでなく、それらを使いこなしたり、人々にとっての参加の機会になったりするというように、オープン後の運営にもつながっていくことを述べたものである。

　「居場所ハウス」は新築された建物で運営されているが、オープン後に屋外の食堂を建設したり、農園を始めたりするというように、地域の人々は建物内外の空間に手を加えてきた。食堂が建設されたり、農園が始められたりしたのは、空いているスペースが食堂を建設できる、農園ができるスペースとして読み替えられたからである。また、食堂の建設に使った木材の一部は寄付された廃材であり（写真7-9）、食堂内には末崎町内の個人宅で一部が破損したまま数十年も放置されていたものを移設、修復して設置している。

　3つの場所と違い、「親と子の談話室・とぽす」の建物は白根さんの思い

第7章. 運営の継続　131

を聞いた知り合いが設計したものだという意味で、白根さんが空間には直接手を加えたわけではない。また、「もう最初から同じ。それが私のひとつのやっぱりね、永久にじゃないけど、変わらない、壁も何も全部変えない、それが私のやり方のなかのひとつだったんですよね」[2005-07-22]という白根さんの考えから、「親と子の談話室・とぽす」の内装、家具はオープン当初から大きく変わっていない(写真7-10)。空間が変わっていないにも関わらず、「親と子の談話室・とぽす」では30年近くの運営を通して来訪者が変化し、行われている活動も変化していた。この背後には、来訪者や活動に応じて空間を変えるのではなく、既にある空間を様々なかたちで柔軟に使っていくという意味で、ありあわせのものの活用という姿勢がある。

　ありあわせのものを活用することを、レヴィ＝ストロース (1976) は「ブリコラージュ」(器用仕事) と呼んでいる。「ブリコラージュをやる人」とは「エンジニアとはちがって、仕事の一つ一つについてその計画に即して考案され購入された材料や器具がなければ手が下せぬというようなことはない。彼の使う資材の世界は閉じている。そして「もちあわせ」、すなわちそのときそのとき限られた道具と材料の集合で何とかするというのがゲームの規則である。しかも、もちあわせの道具や材料は雑多でまとまりがない。なぜなら、「もちあわせ」の内容構成は、目下の計画にも、またいかなる特定の計画にも無関係で、偶然の結果できたものだからである。……。したがって器用人の使うものの集合は、ある一つの計画によって定義されるものではない」。

(写真7-9)「居場所ハウス」屋外の食堂は寄付された木材も活用して建築

(写真7-10)「親と子の談話室・とぽす」の内装・家具はオープン当初から変えられていない

ありあわせのものを、それらが当初もっていた目的とは違うものとして読み替え、柔軟に組合せながら活用することで「まちの居場所」を成立させようとする姿勢は、まさに「ブリコラージュ」だと言える。

7-6. 主客の関係の入れ替わりを大切にすること（ホスピタリティ）

　各地で運営されている「まちの居場所」は運営資金が十分ではない状態で運営されている場所が多い。特にスタッフの人件費を捻出することは非常に難しく、これは本書で対象とした4つの場所も例外ではない。そのため、お金の確保と、人の確保とに関わることとしてボランティアでの運営があげられる。

　「ひがしまち街角広場」のスタッフは無償ボランティア、「実家の茶の間・紫竹」の当番は交通費のみ支給を受けるボランティアであった。「親と子の談話室・とぽす」においては、白根さんは自分の人件費を得ているわけでないという意味でボランティアだと言える。

　「居場所ハウス」はパート、ボランティアの両方で運営しており、現在は月・火・金曜はパートが2人ずつ、水曜はパートになっている人がボランティアで、土曜はボランティア・グループの「おたすけ隊」が、日曜はコアメンバーが数人ずつボランティアで運営を担当している。ただし、パートの都合が悪い日はコアメンバー、「おたすけ隊」がパートと一緒に運営を担当したり、土・日曜に大きな行事が行われる場合はパートがボランティアでサポートしたりと、柔軟な対応がなされている。

　いずれの場所も全て、あるいは、一部をボランティアで運営しているが、ボランティアで運営する場合に課題になるのがボランティアの確保である。ボランティアの人数を確保するためにまず考えられるのが、地域の既存の団体に声をかけて人を出してもらうことだが、「ひがしまち街角広場」でこれを行ったところ既存の団体に所属していない人が入りにくい状況が生まれてしまった。そこで、その後は既存の団体とは関係なく、個人でボランティアに入ることに変更されていた。

　「ひがしまち街角広場」では、「室内の見えやすいところに1ヶ月ごとのカレンダーが貼られており、ボランティは自分が入れる日のところに名前を書いて担当日を決めていた。空白になっている日は、まだボランティアが決ま

第7章. 運営の継続　133

っていないため、空白を埋めるように担当日が調整されていた。(写真7-11)。「実家の茶の間・紫竹」では、当番は手挙げ方式で募集されており、誰でも応募できるように部屋に貼り出して募集するという配慮がなされていた（写真7-12）。部屋に貼り出したカレンダーで担当日を調整したり、当番募集の紙を部屋に貼り出したりすることは、ボランティアをしてもよいと考えた人が、個人であっても声をあげやすくするための配慮である。

　もし「まちの居場所」に十分な運営資金があれば、ボランティアで運営されないという可能性も否定できず、そのため、本書はボランティアを称揚するものではない。ただし、ボランティアで運営されている状態において生み出されているものは何かを考察することは決して無駄ではないと考えている。それは、金子（1992）による「ボランティアとは、切実さをもって問題にかかわり、つながりをつけようと自ら動くことによって新しい価値を発見する人であ」り、「「助ける」ことと「助けられる」ことが融合し、誰が与え誰が受け取っているのか区別することが重要ではないと思えるような、不思議な魅力にあふれた関係発見のプロセス」という定義に表されていることである。

　本書で対象としている4つの場所では、運営スタッフと来訪者とがサービスする側／される側という固定された関係にはなっていなかった。いずれの場所においても来訪者が自分なりの役割を担い、同時に、運営スタッフも来訪者と一緒に過ごす光景がみられた。赤井さんは「ひがしまち街角広場」におけるボランティアと来訪者との関係について「いくらかでもお金をもらってるとなったら、……、お金を出した方ともらってる方になりますよね。

(写真7-11)「ひがしまち街角広場」のカレンダー
(写真右側の扉に掲示)

(写真7-12)「実家の茶の間・紫竹」内に
掲示された当番表・当番募集の案内

それよりも、みんな、どっちもボランティア。来る方もボランティア、お手伝いしてる方もボランティアっていう感じで、いつでもお互いは何の上下の差もなく、フラットな関係でいられるっていうのがあそこは一番いい。その代わり暇な時は一緒に座ってしゃべる。忙しくなったら、お当番じゃない人がいきなり立って来て、エプロンもかけてないのに手伝いをする」[2005-02-19]と話している。「実家の茶の間・紫竹」でも当番、サポーターが訪れた人に一方的にサービスを提供しないことが意識されており、それを河田さんは「ここにはサービスの利用者は一人もいない。いるのは"場"の利用者だけ」(河田、2016) と表現している。

　運営スタッフは専門家としてのサービスを提供するわけでないことも重要である。白根さんは「私は、医者でもないし、保健師でもないし、何でもない普通の街に住むおばさんなんですけど、そういう人の方がかえってね、あの、子どもも安心だし、精神の病を病む人も安心みたいですね。何話してもいい、みたいな」[2005-09-01]と述べ、こうした立場を「無彩色な立場」と表現している。

　「まちの居場所」においては、運営スタッフは一方的なサービスを提供するだけの存在ではなく、来訪者と一緒に過ごしたり、場合によっては来訪者が運営の手助けをしたりすることもある。このような主客という関係の入れ替わりが、もてなし、歓待などと訳される「ホスピタリティ」の本質である。山本 (2006) は、サービスとホスピタリティは全く違うと指摘する。山本によれば「サービスとは一対多数の、だれにたいしても同じことを、最低限より多く提供することだ。……。サービスにおいてだいじなのは、相手の存在ではなく、誰へだてなく平等・均等になされるサービス内容そのものである」。それに対して、「ホスピタリティは相手に名があり、その人だけのもの、ひとによって全部ちがってくる。だいじなのは、相手の個人的な存在そのものである」。

　本書は、先に述べたとおりボランティアを称揚するものではない。「まちの居場所」にボランティアが不可欠だと述べるものでもない。けれども、「まちの居場所」において「ホスピタリティ」を実現することは不可欠だと考えている。

　現在社会においては金銭的なやりとりがサービスをする側／される側とい

第7章. 運営の継続　　135

う関係と重ね合わせられて、即ち、お金を払った方はサービスを受ける権利があり、お金を受け取った側はサービスを提供する義務があると捉えられることが多い。こうした状況では、金銭のやりとりは人々の関係を固定化させる方向に働いている。それに対して、ボランティアとは金銭のやりとりがないため関係を緩やかなものにしておくことができる。「まちの居場所」では、人々の緩やかな関係を実現するための暫定的な対応として、ボランティアでの運営がなされていると考えることもできる。ここで暫定的という表現を用いたのは、金銭のやりとり、あるいは、お互いが価値あるものと認めるもののやりとりが、関係を固定化させるのではなく、関係を広げていける仕組みを作れる可能性があるからである。山本 (2010) の表現を用いれば「商品・サービスに従属する経済ではなく、資本を形成するホスピタリティの新経済へ」ということになる。そして、このことは「まちの居場所」のお金の確保、人の確保に関する課題を乗り越えていくための可能性である。「実家の茶の間・紫竹」における、ちょっとした手助けにお礼に使用できる「実家の手」はそのための１つの試みだと言える。

第8章. 「私」と「地域」にとっての価値

　「まちの居場所」とは既存の制度・施設の枠組みからもれ落ちたものをすくいあげようとすることを目指すものであり、そこで大切にされているのは「個人として、孤立せずに」あるという関係性である。「まちの居場所」とは単に安くコーヒーが飲める場所でも、仲間同士で集まれる場所でも、介護予防のための場所でもない。

　前章では人・もの・お金を確保するためのポイントとして「セミパブリックな空間」、「ブリコラージュ」、「ホスピタリティ」の3つについて考察した。本書の第1章では、人・もの・お金が確保できたとしても、価値が継承されなくては何のために運営を継続しているのかわからない。従って、価値の継承は運営の継続よりも根源的なところにあると言えると述べた。ただし、前章でみたように、「未知の人物」と交わす「新たな情報交換や交流」としての「対話」が自然なかたちで生み出される「セミパブリックな空間」(平田, 1998)、「器用人〔ブリコラージュをやる人〕の使うものの集合は、ある一つの計画によって定義されるものではない。……。器用人〔ブリコラージュをやる人〕の用いる資材集合は、単に資材性〔潜在的有用性〕のみによって定義される」(レヴィ＝ストロース, 1976))、「ホスピタリティは相手に名があり、その人だけのもの、ひとによって全部ちがってくる。だいじなのは、相手の個人的な存在そのものである」(山本, 2006)というように、これらのポイントは既に「まちの居場所」の価値に踏み込んでいる。本書で対象とする4つの場所においては人・もの・お金を確保することは、価値を実現するための手段なのである。そのため、一部重複する内容はあるが、以下では改めて

「まちの居場所」がどのような価値を実現しているかを考察していきたい。

8-1. 社会的弱者ではなく、尊厳をもった個人として居られること

　「親と子の談話室・とぽす」では両親と学校の先生という「利害関係のある大人」だけとしか関わっていない思春期の子ども、「ひがしまち街角広場」では「何となくふらっと集まって喋れる、ゆっくり過ごせる場所」[2005-09-01] がない人、「居場所ハウス」を提案した「Ibasho」では面倒をみられる存在として見なされる傾向にある高齢者、「実家の茶の間・紫竹」のモデルとなった「うちの実家」では地域の茶の間にこのまま泊まりたいと話した高齢者というように、ある特定の属性をもった人々との出会い、そのような人々が抱える切実な課題への直面といった出来事が場所をオープンするきっかけになっていると語られている。特定の属性をもった人々との出会いがオープンのきっかけになっているが、オープン後の運営においては、対象者が特定の属性をもった人に限定されているわけではない。

　「親と子の談話室・とぽす」は「大人の私が1人で子どもに関わるっていうことよりも、ここに来る大人たちが子どもにそれぞれの立場で関わって欲しい、その方が豊かになるんじゃないか」[2008-01-13] と考えられ「子供だけでも入れる図書コーナー付きの喫茶店」として開かれた。「ひがしまち街角広場」を訪れるのは高齢者が多いが、「応じたっていうことがものすごい大事なんですよ。それぞれに応じたものを、その場でできるというのが。青少年とか、成人期とか、高齢者とかに応じたじゃなくて、同じ成人でも色んなレベルの人がいるでしょ。だから、どこにも応じたことがやれる場所じゃないといかんわけでしょ、こういうところっていうのは。枠にはまってない、枠からはみ出た人には対応できないって言ったらだめじゃないですか」[2008-08-05] と赤井さんは話す (写真8-1)。「居場所ハウス」、「実家の茶の間・紫竹」でも対象者が高齢者に限定されているわけではない (写真8-2)。

　いずれの場所でも対象者は限定されておらず、さらに、「大人とのコミュニケーションの場と、それから、子どもも横の同年齢の子どものつきあいじゃなくて異年齢のつきあい、しかも、日本人だけじゃないって言うかな、色んな国籍の違う人。それからこういうところだったら障がいのある子も来るしね、そういう障がいのある人たち、自分が現実には見たこともないよう

な人とのおつきあい、そういうのもできるんじゃないかなと思って喫茶店っていうのにしたんですね」[2008-01-13]、「最初から赤ちゃんもお年寄りも外国の人も、障がいの人も来て当たり前の場所づくりをしてきたわけね、〔まごころヘルプの〕事務所の時から。それが良かったと思う。環境がもう最初から違うから競わないじゃない。緩やかな、いい場所になるには、色んな人が居るから」[2016-08-01]という白根さん、河田さんの言葉からは、多様な人々がいるからこそ、よい場所が実現されるのだという考えを伺うことができる。ここには、高齢者、障がい者、子どもといった人々を社会的な弱者として捉える視線は存在しない。「居場所ハウス」が運営のベースとする「Ibasho」の理念においも、高齢者が面倒をみられる社会的弱者ではなく、自分にできる役割を担いながら地域の担い手になれることが掲げられており、ここにも高齢者を社会的弱者として捉える視線は存在しない。

　「ひがしまち街角広場」、「居場所ハウス」、「実家の茶の間・紫竹」では運営を担当するスタッフ、当番と、来訪者との関係を緩やかなものにしておくことが大切にされている。「親と子の談話室・とぽす」においても、白根さんは医者でも保健師でもなく「普通の街に住むおばさん」という「無彩色な立場」として訪れた人に関わることが意識されていた。いずれの場所においても、訪れた人々を社会的な弱者と捉え、社会的な弱者に対して一方的にサービスを提供するのではなく、運営に関わる人と来訪者との関係をサービスする側／される側という固定されたものにしないことが大切にされてい

※「どなたでも　自由に　気軽に　お立ち寄りください」と
　記載されている。

（写真8-1）「ひがしまち街角広場」の看板

※「赤ちゃんからお年寄りまで　どなたでも　お気軽においで下さい」と記載されている。

（写真8-2）「実家の茶の間・紫竹」の看板

る。サービスする側／される側という固定された関係ではないことは、「まちの居場所」においては抽象的な概念ではなく、訪れた人が運営に協力したり（写真8-3）、逆にスタッフ、当番が来訪者と一緒に過ごしたりというように（写真8-4）、日々の運営において見られる具体的な光景としてある。

　注意が必要なのは、訪れた人を社会的な弱者と見なさず、サービスする側／される側という固定された関係を作らないというのは、その人を社会的な強者と見なして突き放すことでもなければ、みなが同じ役割を担うことを期待することでもない。それぞれの人によってできること、できないことは当然異なる。そうであっても自分にできる役割を担いながら「まちの居場所」を支えるかけがえのない存在として居られるという尊厳が大切にされるということである。

　制度・施設の枠組みにおいて、人は属性によってカテゴライズされ、特定の役割を担うことが期待される。ある属性の人々をカテゴライズすることによって、その人々へのサービスを提供していこうとするが制度・施設の役割だとすれば、制度・施設の枠組みからもれ落ちているとは、まだどのような属性によってもカテゴライズされていない人々ということになる。「まちの居場所」とはそのような人々をカテゴライズするのではなく、かけがえのない個人として居られることを目指すものである。「まちの居場所」とは人が歳を重ねたり、障がいを持っていたりすることによっては評価されないという意味で、高齢者、障がい者というカテゴリーが後景として意識されなくなる場所なのである[8-1]。

(写真8-3)「ひがしまち街角広場」の周年記念
パーティーの準備を手伝う人々

(写真8-4)「居場所ハウス」で一緒に過ごす
運営スタッフと来訪者

「まちの居場所」は確かに介護予防、生活支援、孤立防止などの効果がある。けれども介護予防、生活支援、孤立防止などのサービスを一方的に提供する場所になったとすれば、人は社会的な弱者として見られてしまうことになる。こうした状態は、「まちの居場所」で目指されてきた姿とは大きく異なったものになる。「まちの居場所」では人が属性によってカテゴライズされることなく、かけがえのない個人として尊厳をもって居られることの結果として、介護予防、生活支援、孤立防止などの効果がもたらされていることを忘れてはならない。

8-2. プログラムへの参加ではなく、場所に居ること

「ひがしまち街角広場」、「実家の茶の間・紫竹」ではプログラムは行われていない。これは、「ひがしまち街角広場」が「みんなが何となくふらっと集まって喋れる、ゆっくり過ごせる場所」[2008-09-01]にすることが目的だからであり、「実家の茶の間・紫竹」は「お年寄りが生きてきた生活の歴史とか、みんな違うじゃないですか。得意なことも、環境も。だから画一的なことをすればする程、サークルになっていくんですね。それが好きな人しか集まらない。何もしなければ、誰でも来れるわけでしょ」[2016-08-01]という考えからである (写真8-5)。「居場所ハウス」、「親と子の談話室・とぽす」では様々な活動が行われているが、運営している全ての時間帯に活動が行われているわけではない。訪れた人みなが同じプログラムに参加するわけではなく、周りから様子を眺めたり、隣で他のことをして過ごしたりできる自由

(写真8-5)「実家の茶の間・紫竹」で
思い思いに過ごす人々

(写真8-6) 料理教室の隣で囲碁をする人
(居場所ハウス)

第8章.「まちの居場所」の価値　141

がある（写真8-6, 7）。

　「まちの居場所」では人々の交流が目指されているが、決められたプログラムを提供するだけでは、そのプログラムに参加する人しかやって来ない。「まちの居場所」とは最初から交流するためのプログラムを提供するのではなく、「思い思い」に過ごす人々が互いに「居合わせる」場所を実現することにより*8-2)、結果として人々の関わりが生まれるかもしれない可能性を大切していると言える*8-3)。

　ただし、「思い思い」に過ごす人々が互いに「居合わせる」場所は、プログラムを提供しないという消極的な対応によって自動的に実現されるわけではない。プログラムが提供されていない場所とは、人々は来たい時に来て、好きなことをして過ごし、帰りたい時に帰ることができる。そのためには、そこに来たり、好きなことをしたりすることの理由を問われないこと、言い換えれば、大義名分があることが大切である*8-4)。加えて、「まちの居場所」では来やすさだけが注目されるが、帰りやすさも重要である。そうでなければ、決して「思い思い」に過ごす人々が互いに「居合わせる」場所が実現されることはない。

　本書で対象とする4つの場所は、「思い思い」に過ごす人々が互いに「居合わせる」場所を、無数の配慮によって積極的に実現しようとしている。

　「親と子の談話室・とぽす」では好きな場所を選べるようにと、形、大きさ、高さが異なる様々なテーブルが置かれている（写真8-8）。「喫茶店で自分の本開いて読んでる時、「いつまでこの人読んでるの？」なんて思われちゃ

(写真 8-7) 歌声喫茶の隣で勉強する中学生
(居場所ハウス)

(写真 8-8)「親と子の談話室・とぽす」の
様々なテーブルと本棚に並ぶ本

うと嫌だなって思うじゃない。だけど、ここに本があれば、「ここの本を読んでもいいんだよ」って言えば、自分の本でも読んでいいのかなって思う発想になるじゃない」[2005-04-22]という考えで、店内には多数の本が並べられている。「ひがしまち街角広場」では小さなテーブルが置かれ、自由に移動させて使えるようにしている(写真8-9)。「居場所ハウス」は、設計時に「様々な活動に対応できるようワンルームで柱によりゆるやかにつながる空間としたうえで、テクスチャーなどの違いによりそれぞれの場所に明確な領域をもたせ」(生越, 2014)ることが考えられた。土間と和室の間の柱はオープン後に撤去したが、土間のカフェスペース、キッチン、カウンター、和室、図書コーナーという様々な領域は残っている。10月中旬から4月末までの半年間にわたって薪ストーブを使っているが、薪ストーブにあたることも目的をもたずに居ることの大義名分になっている(写真8-10)[*8-5]。「実家の茶の間・紫竹」でも形、大きさ、高さが異なる様々なテーブルが置かれており、戸を開けた時に視線が集中しないテーブル配置にする、初めて訪れた人には「思い思い」に過ごす人々の姿を見てもらうようにするなどの配慮がなされていた。また、天候に関わらず常に玄関の扉が開けられている(写真8-11)。

空間に関わる配慮に加えて、「ひがしまち街角広場」では行こうと思った時にいつでも行けるように毎日運営されている。「実家の茶の間・紫竹」では「その場にいない人の話をしない(ほめる事も含めて)」、「プライバシーを訊き出さない」、「どなたが来られても「あの人だれ!!」という目をしない」という約束事を掲示しておくという配慮もされている。

(写真8-9)「ひがしまち街角広場」では小さなテーブルが使われている

(写真8-10)「居場所ハウス」で薪ストーブの周りで過ごす人々

第8章.「まちの居場所」の価値　143

プログラムが提供されていない場所では、当然、1人で過ごす人もいるが (写真8-12, 13)、1人でも堂々として居られることも重要である。1人でも堂々として居られるとは、周囲の他者と無関係だという孤立した状態ではない。「ひがしまち街角広場」では1人で過ごしている人同士がテーブル越しに会話している光景を見かけることがあるが (写真8-14)、この光景には、1人で過ごしている人は周囲と全く無関係に過ごしているのではなく、「個人として、孤立せずに」居るという状況が現れている。「何かあった時に、「ヘルプ」って言った時にはぱっと飛び出せるっていうか。だけどもいつもいつも「大丈夫、大丈夫、大丈夫？」って聞いてたら、それこそあれよね。お互いにそれぞれが自分のところに座ってて、誰からも見張られ感がなく、ゆっくりしてられるっていう。だけども、「何か困った時があったよね」って言った時には側にいてくれるっていう、そういう空間って必要だなぁと思って

(写真8-11)「実家の茶の間・紫竹」の玄関はいつも開けられている

(写真8-12)「親と子の談話室・とぽす」で1人で過ごす来訪者

(写真8-13)「居場所ハウス」で1人で過ごす来訪者

(写真8-14)「ひがしまち街角広場」で見られるテーブル越しの会話

ね」[2008-02-19] という白根さんの言葉、「大きなテーブルで周りにいるのも いいだろうと思うけども、やっぱりそんなんだったら、自分1人だけのテー ブルでこうやりたい時もあるかもしれない。色んなかたちがあるから、それ は、その時々で、自由に使いこなせるようなものがいいみたいに思います ね」[2008-06-25] という赤井さんの言葉、「一人ぼっちでぽつんとしてね、所 在なく居るかどうか。あるいは、一人ぼっちを楽しんでるかどうかっていう のをまず見てますね。いつもそれは見てます」[2016-08-01] という河田さん の言葉、表現は異なっているが「個人として、孤立せずに」居ることが大切 にされていることがわかる。

　飲物や食事が提供されていること、つまり、お店という形態で運営されて いることも、「思い思い」に過ごす人々が互いに「居合わせる」場所を実現 するための仕組みになっている。「親と子の談話室・とぽす」を「子供だけ でも入れる図書コーナー付きの喫茶店」として開いたことについて、白根 さんは「大人とのコミュニケーションの場と、それから、子どもも横の同年 齢の子どものつきあいじゃなくて異年齢のつきあい、しかも、日本人だけじ ゃないって言うかな、色んな国籍の違う人。それからこういうところだった ら障がいのある子も来るしね、そういう障がいのある人たち、自分が現実 には見たこともないような人とのおつきあい、そういうのもできるんじゃな いかなと思って喫茶店っていうのにしたんですね」[2008-01-13] と話してい る。飲物を注文する、食事を注文する、そして、その対価として代金を支払 う。こうしたやりとりは、プログラムがなくても人が訪れたり、他者と関わ ったりするための大義名分になる。飲食や買い物を終えて帰るのは不自然な ことではないため、「まちの居場所」から帰りたい時に帰るための大義名分 にもなり得る。

　人々の交流を目的とする従来の公共施設では営業行為が禁止されている ことが多いのに対して、2000年頃から各地に開かれている「まちの居場所」 はお店、カフェという形態で運営されていることに注目する必要がある。お 店という形態の運営は運営資金を獲得するという側面も当然あるが、お店と いう形態、そこにおける金銭的なやりとりは、「思い思い」に過ごす人々が 互いに「居合わせる」場所を実現するための大義名分にもなっている*8-6)。

　以上で用いた「思い思い」、「居合わせる」は鈴木 (2004) が提唱する「居

方」(いかた) の類型である。「居方」とは「「ただ居る」「団欒」などの、何をしていると明確に言いにくい行為」を含めた「人間がある場所に居る様子や人の居る風景を扱う枠組み」であり、「思い思い」とは「色々な人がそれぞれ違うことを思い思いにしていて、しかもそれを周りから認識できる状況」、「居合わせる」とは「別に直接会話をするわけではないが、場所と時間を共有し、お互いどの様な人が居るかを認識しあっている状況」である。鈴木はこの他に「何もせずに遠くをボーっと見ている人の全身が周囲から見えている」状況としての「たたずむ」、「少し離れた二本の柱に子供が各々もたれ掛かって会話している」ように「柱をきっかけとしてちょっと離れていることで、逆に二人の親密な関係が浮かび上がってくる」状況としての「あなたと私」などの「居方」をあげている。プログラムへの参加ではなく、場所に居ること自体を大切にするためには、その価値を表現する語彙が必要になる[8-7]。

8-3. 完成されたものの利用ではなく、自分たちで徐々に作りあげていけること

本書で対象とする4つの場所で注目すべきは、地域の人々は、専門家や行政によって作られた場所を利用するだけの存在ではないことである。空き店舗、空き家を活用している「ひがしまち街角広場」、「実家の茶の間・紫竹」では、空き店舗、空き家の改修、清掃には地域の人々が参加し (写真8-15)、家具、備品、食器などは持ち寄りによって揃えられていた。「親と子の談話室・とぽす」、「居場所ハウス」の建物は新築されたものだが、「親と子の談話室・とぽす」は白根さんの思いを聞いた知り合いが設計したものであり、空間は白根さんの思いを強く反映したものになっている。「居場所ハウス」ではオープンまでに、地域の人々が設計を確認したり、意見を言ったりするためのワークショップが開かれている。

いずれの場所においても、地域の人々はオープンまでのプロセスに何らかのかたちで関わっている。ただし、オープンしてからも地域の人々は運営内容を変えたり、空間に手を加えたりしていっていることも見落としてはならない。そして、オープンしてから運営内容を変えたり、空間に手を加えたりすることは、オープンまでに確定、完成させることができなかった部分を微修正するというレベルを越えたものである。

「親と子の談話室・とぽす」では30年近くの運営を通して思春期の子ども、不登校の子ども、心の病を抱える人と訪れる人が変化していた。そして、訪れた人との出会いによって様々な活動が立ち上げられていた。白根さんは「ここは喫茶店なので人との出会いがその流れをつくっていっているんですよ。人との出会いがつくっていってるので、「ちょっと待って」とは絶対私は言えない。「そういう要求ならそれもやりましょうね」っていうかたちで、だんだん渦巻きが広くなっちゃうって言うかな。もちろん、中心は子どもっていうことは常に頭にあるんですけど。……。だから人がここを動かしていって、変容させていって。しかも悪く変容させていくんじゃなくて、いいように変えていってくれてると思ってます」[2008-02-19]と話す。赤井さんは「「街角」オープンする時に、行政はすごい心配したんですよね。何にも決まらないから。私はまず場所をオープンしましょう。オープンしてやっていく中で、色んなことのニーズが出てくるから、そのニーズに合わせて動きましょう。でないと、人の意見を聞くなんてね、リサーチしても、それではごく一部分しか出てこないわけでしょ。だから、やってみた中で色んなことがね、その場に合うものが生まれてくるはずだから、そうしましょうと言ったんだけど」[2005-02-19]と話す。ここにあるのは、まずオープンしてみて、訪れた人々に応じた場所を徐々に作りあげていこうとする姿勢である*8-8)。

　「居場所ハウス」は具体的な運営のあり方が決まらない状態でオープンを迎えた。地域の人々はそこから試行錯誤しながら運営のあり方を決め、運営体制を確立させ、農園での野菜作り、朝市、食堂の運営などの活動を徐々に展開してきた（写真8-16）。「居場所ハウス」で注目すべきは、徐々に場所を

(写真8-15)「ひがしまち街角広場」の移転作業

(写真8-16)「居場所ハウス」屋外に建設中の食堂

第8章.「まちの居場所」の価値　　147

作りあげるというのは運営内容に関わるソフト的なことに限らず、勝手口を設置したり、柱を撤去したり、屋外に食堂を建設したりといように、地域の人々は空間にも手を加えてきたことである。

　このことからは、場所を作ることに伴う認識を変えることを迫っていると言える。つまり、「まちの居場所」は、専門家や行政によって作られるものだという認識から、オープンまでに全てを完成させなければならないという認識から解放されることを迫っているのである。建物の竣工や場所のオープンはもちろん重要な節目だが、「まちの居場所」においてこれらはあくまでも通過点。運営内容を確定させ、建物を完成させるオープンまでの段階、完成した建物を地域の人々が利用するというオープン後の段階というように、明確な段階に区切る必要はない。

　この意味で、「まちの居場所」とは常に未完成な場所として、緩やかに変化し続けていると捉えることも可能である。赤井さんが「ここは未完成のままでやってるから。常に未完成やから、次々と色んなアドバイスとかがいきていくわけでしょ」[2009-08-17]と話すように、未完成であることは、地域の人々にとっての関わりの機会を生み出す。「まちの居場所」では飲み物をいれたり、調理したり、食器を洗ったり、写真や絵を展示したり、大工仕事をしたり、農作業をしたり、事務作業をしたり、後片付けをしたりと、地域の人々が手伝える具体的な役割がいくらでもある。「まちの居場所」において地域の人々は、何かしてもらうことを期待し、期待が満たされなければ苦情を言うだけの「利用者さん」ではない。自分にできる役割を担うことで共に場所を作りあげる当事者一人ひとりなのである。共に場所を作りあげる当事者になるというのは、自分にできる具体的な役割を担おうという場所への向き合い方をもつことだと言える。

8-4. 既存の枠組内での連携ではなく、まちを再構築すること

　河田さんは、「実家の茶の間・紫竹」は「とっても大切な居場所だけれども、それにとどまらないで、やっぱりご近所だっていうことですからね、困った時に「助けて」って言える関係作りを育むようなきっかけの場所でもあって欲しいわけです」[2016-08-01]と話す。そのためのツールが「実家の手」という参加回数券である（写真8-17）。「実家の手」は参加費を支払うために

利用できるのと同時に、「ごみ出しや買い物、電球交換、ペットの世話、ボタン付け、パジャマのすそあげなどのちょっとした手伝い」（河田, 2016）のお礼に利用することができる。手助けした側は、お礼として受け取った「実家の手」を利用できるという仕組みである。「実家の茶の間・紫竹」では市役所、町内会、社会福祉協議会、地域包括支援センター、保育園、小学校、交番、地域老人クラブなど多様な団体との関係がもたれているが[*8-9]、「実家の手」はこれらの団体への所属の有無に関わらず、個人と個人の助け合いの関係を築いていくことが目指されている。

赤井さんは集会所と「ひがしまち街角広場」の違いについて、「集会所っていうのは、要するに目的がきっちりしていて、申し込んでおかないと使えないんですね。「街角広場」は便利なところで、「今日の夕方これに使いたいねんけど、貸して欲しい」って飛び込んで来た人にもすぐ貸せる状況です」[2008-09-01] と話す。

「ひがしまち街角広場」はこれからメンバーを集めたり、活動内容をはっきりさせたりするというように、活動を立ち上げようとする初期の段階でも利用できる。地域の既存の団体だけが利用するのではなく、地域の人々が新たな団体や、緩やかな集まりを立ち上げるきっかけになることも、「まちの居場所」がもつ重要な役割である。実際、「ひがしまち街角広場」では「写真サークル・あじさい」、「千里竹の会」、「千里・住まいの学校」、「千里グッズの会」（写真8-18）などの団体、集まりが立ち上げられていた。「親と子の談話室・とぽす」では「とぽす響きの会」、「居場所ハウス」では生花教室、

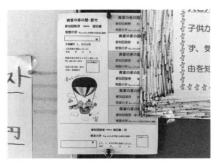

（写真8-17）「実家の茶の間・紫竹」の「実家の手」

（写真8-18）「千里ニュータウン研究・情報センター」（旧千里グッズの会）のミーティング

第8章.「まちの居場所」の価値　149

歌声喫茶という定期的に活動する緩やかな集まりが生まれていた。

　既存の団体への所属というかたちにとらわれないという点は、運営を担当するスタッフ、当番にもあてはまる。「ひがしまち街角広場」では、当初は既存の団体ごとに運営日を担当していたが、団体に所属しない人が入りにくいという不都合が生じたため、個人としてボランティアをすることに変更された。ボランティアの担当日は、部屋に貼り出されたカレンダーの空いている日に自分の名前を書き込むことで調整されていた。「実家の茶の間・紫竹」では、当番は手挙げ方式で募集されているが、誰でも当番に応募できるよう部屋に貼り出して募集するという配慮がなされている。部屋に貼り出してボランティアの担当日を調整したり、部屋に貼り出して当番を募集したりすることは、既存の団体への所属の有無に関わらず個人でボランティア、当番に加わりやすくするための配慮なのである。「居場所ハウス」では運営に協力するための「おたすけ隊」というボランティア・グループが立ち上げられている。既存の団体から人を出してもらうのではなく近くに住んでいる人や紹介してもらった人に個人的に声をかけてパート、ボランティアを募ったりすることも行われている。

　このようにみてくると、「まちの居場所」では既存の団体への所属の有無に関わらず、個人と個人との新たな関係を築くものだと言える。それが結果として、広がりのある関係を築くことにつながっている。

　既存の枠組みにとらわれないというのは、空間や物についても共通点がみられる。「居場所ハウス」が農園としているのはコアメンバーの紹介で借りた休耕地だが、「居場所ハウス」があるからこそ、休耕地が農園にできる土地という資源として認識されたのである（写真8-19）。災害時の備えとして食堂に設置しているカマドは、末崎町内の個人宅で一部が破損したまま数十年も放置されていたものを移設、修復したものである（写真8-20）。屋外に建設した食堂では、寄贈された廃材を材料の一部として活用している。「ひがしまち街角広場」、「実家の茶の間・紫竹」は店舗、住宅を活用して開かれているが、「ひがしまち街角広場」、「実家の茶の間・紫竹」が開かれる前は空き店舗、空き家という活用されていない空間であった。家具、備品、食器などは使われていなかったものの持ち寄りによって揃えられた。これらに共通しているのは、価値があると認識されず、活用されていなかったものが、「ま

ちの居場所」との関わりによって思いがけず役に立っていることである。重要なのは、空き家、空き店舗、休耕地、放置されていたカマド、廃材、家庭で使われていなかった食器などは、あらかじめ価値があると認識されていたから活用されたのではなく、「まちの居場所」との関わりによって価値あるものとして認識されたという点である。

　既存の団体への所属にとらわれない新たな関係を築くこと、使われていなかったものを価値ある資源として活用すること。「まちの居場所」は既存の枠組や価値観をこえて、地域にある人やものを組み合わせることで、新たな価値を生み出していると言える。

　既存の団体に所属していない人が運営スタッフや当番になれるように配慮したり、使われていなかった空間や物を活用したりするのは、運営スタッフや当番の人数が足りない、運営資金が足りないなどの課題を解決する必要に迫られたことがきっかけである。けれども、既存の団体への所属にとらわれない新たな関係を築くこと、使われていなかったものを価値ある資源として活用することを通して、「まちの居場所」は課題解決というマイナスの状態を埋め合わせるにとどまらない意味をもち始める。

　「ひがしまち街角広場」のある新千里東町では、「ひがしまち街角広場」のような場所が欲しいと考えられ、千里文化センター・コラボに「コラボひろば（コラボ交流カフェ）」、府営新千里東住宅に「3・3ひろば」、UR新千里東町団地に茶話会が開かれるようになった。「ひがしまち街角広場」はプログラムを提供するのではなく、「みんなが何となくふらっと集まって喋れる、ゆっ

(写真8-19)「居場所ハウス」の農園

(写真8-20) 個人宅にあったカマドを移設・修復し屋外のキッチンスペースに設置

第8章.「まちの居場所」の価値　　151

くり過ごせる場所」［2008-09-01］が地域での暮らしに不可欠であること、そのためには広い空間や設備は不要であり、ささやかでも自分たちの手で作ることが大切なことを、目に見えるかたちで地域の人々に示したのである。「居場所ハウス」の朝市や食堂は、周囲に店舗や飲食店がほとんどないという地域の状況を受けてスタートさせたものだが、地域の人々が買い物や食事をすませるという目的を遂行するだけの場所ではない。身近に買い物や食事ができる場所があり、そこでは新鮮なものや旬のものが手に入る。顔なじみの人と顔を合わせたり、時には長い間顔を合わせていなかった人や地域外の人と出会ったりして、会話を交わすことができる。このような多様な意味をもつ場所になっている。

　「まちの居場所」とは地域が抱える課題を解決するにとどまらず、その「まちの居場所」が豊かだと考える暮らしのあり方を、今まで地域には見られなかった新たな光景として、目に見えるかたちで示すしている[8-10]。そして、そのような光景を目の当たりにした人々に「このようにしたかったんだ」という気づきを事後的に与えるのである。

第9章. 価値を継ぎ、さらにゆたかに

9-1.「まちの居場所」の価値と制度・施設化

　制度・施設において人々は属性によってカテゴライズされ、特定の役割を担うことが求められる。教師と児童・生徒、医師と患者というように専門家と非専門家との区別は明確であり、専門家でない人々は、専門家や行政が提供するサービスを利用する立場である。制度・施設とは枠組を作りあげるものであり、河田さんが「実家の茶の間・紫竹」は「とっても大切な居場所だけれども、それにとどまらないで、やっぱりご近所だっていうことですからね、困った時に「助けて」って言える関係作りを育むようなきっかけの場所でもあって欲しいわけです」[2016-08-01] と述べているような既存の枠組みを越える動きを担うのは得意でない。

　何度か述べてきたように、「まちの居場所」とは制度・施設の枠組みからもれ落ちたものをすくいあげようとするものである。そこで大切にされている価値として、前章では「社会的弱者ではなく、尊厳をもった個人として居られること」、「プログラムへの参加ではなく、場所に居ること」、「完成されたものの利用ではなく、自分たちで作りあげていけること」、「既存の枠組み内での連携でなく、まちを再構築すること」をあげた。制度・施設と比べた時、「まちの居場所」の価値は非常に曖昧なものにみえる[*9-1]。

　このようにみると、「まちの居場所」と制度・施設とは相反するもののようだが、本書で対象とした4つの場所の考察を通して浮かびあがってきたのは、「まちの居場所」の日々の運営の現場において生じる善意、善意からの振る舞いは、「まちの居場所」の価値を実現するための契機にもなるが、「ま

ちの居場所」を制度・施設化する契機にもなるということである。これは具体的には次のようなことである（図9-1）。

　日々の運営の現場では困っている人を助けたい、誰かの役に立ちたいという思いが生じるのは自然なことである。しかし、この思いに基づく振る舞いが一方通行になり、サービスする側／される側という関係として固定化されてしまえば、相手を支援が必要な社会的弱者にしてしまう。「親と子の談話室・とぽす」では心の病を抱える人も、他の人と同じ500円のコーヒー代を支払うことになっている。心の病の人から500円のコーヒー代を受け取らないのは差別になると考えられてのことであり、白根さんは「500円集めたら来てねって言う。それがやっぱり生活支援っていうか体験になるんだね。ここだけじゃなくて、どこか行きたい、映画を観たい、何かしたいって自分の生活の中でお金を貯めておくことが、私たちには易しいことだけど、彼らには難しい。その難しいところを少しずつやっていく。私に言われてそれもやる。そういうのが、何かいいのかなと」[2016-03-10]と話している。もしも、心の病を抱える人はお金がないからと考えて500円のコーヒー代を免除すれば、社会生活を送るための訓練の機会を奪い、かえって心の病を抱える人々を支援が必要な社会的弱者という立場におしこめることになる。「実家の茶の間・紫竹」では、昼食は大皿から自分で取り分けることになってる。「今日だって油揚げは何枚食べたいか、お麸を何個欲しいかなんて本人が決めることでしょ。それを良かれと思って取ってあげると、「自分は手助け受けてるから、言っちゃいけない」につながっていくんですね。それがだんだん「されるままに大人しくなってれば、あそこに居られる」に変わっていって、「あれがいくつ欲しい、これはいらない」っていう意思表示ができない場を作っていくと、一人ひとりの表情がどんどん受け身態の表情に変わってくるんですね」[2016-08-01]と河田さんは話している。「良かれと思って」することが相手を「受け身態」にしてしまうのである。

　訪れた人に孤独で過ごして欲しくないという思いが生じるのも自然なことである。この時、1人でも孤独を感じることなく居られる場所を目指すのではなく、そもそも1人で過ごす人が出てこないように先回りしてプログラムを提供してしまえば、そこは「思い思い」に過ごす人々が互いに「居合わせる」場所ではなくなってしまう。「お年寄りが生きてきた生活の歴史とか、

みんな違うじゃないですか。得意なことも、環境も。だから画一的なことをすればする程、サークルになっていくんですね。それが好きな人しか集まらない。何もしなければ、誰でも来れるわけでしょ」[2016-08-01] と河田さんが話すように、プログラムを提供することで、かえって対象者は限定されてしまう。

　「まちの居場所」はあらかじめ完成された場所ではなく、地域の人々が徐々に作りあげていく場所であった。当然、想定外のことも生じるが、想定外のことに振り回されずスムーズに運営したいと考えが生じることもある。けれども、「ここは未完成のままでやってるから。常に未完成やから、次々と色んなアドバイスとかがいきていくわけでしょ」[2009-08-17] と赤井さんが話すように、スムーズに運営するために限られたスタッフだけで運営すれば、他の人が関わるための機会を奪ってしまう。「居場所ハウス」では来訪者が食べ終えた食器を洗うことがあるが、来訪者に洗わせるのは申し訳ない、食器を洗うのはスタッフの役割だからと考えて、スタッフだけで全てやってしまえば、訪れた人々が場所をともにつくりあげる当事者になることを疎外してしまう。

　スタッフや当番を増やしたいという思いは切実なものである。しかし、オープン当初の「ひがしまち街角広場」で試みられたように、既存の団体で運営日を分担することで、かえって既存の団体に所属していない人が入りにくいという状態が生まれていた。

　困っている人を助けたい、誰かの役に立ちたい、訪れた人に孤独で過ごして欲しくない、想定外のことに振り回されずスムーズに運営したい、スタッフや当番を増やしたいというような日々の運営の現場において生じる善意は、「まちの居場所」の価値を損なうきっかけにもなる。従って、「まちの居場所」を制度・施設とは全く別物だと位置づけて、制度・施設を一方的に批判するだけでは、「まちの居場所」の価値の継承をめぐる課題を乗り越えることができない。それどころか、日々の運営の現場において生じる善意、善意からの振る舞いが制度・施設化につながっていく動きから目をそらせてしまう恐れすらある。

第 9 章. 価値を継ぎ、さらにゆたかに　　155

9-2. 理念の中身を事後的に豊かなものにし共有すること

「まちの居場所」と制度・施設とは相反するもののように見えるが、日々の運営の現場において生じる善意、善意からの振る舞いは、「まちの居場所」の価値を実現する契機にも、「まちの居場所」を制度・施設化する契機にもなることをみた。ここでポイントになるのは、善意、善意からの振る舞いが「まちの居場所」の価値の実現につながるとは、どのようなことを意味しているのかということである。

「まちの居場所」では、「この人がいるから、この場所が成立している」と思えるような人に出会うことがある。筆者はこのような人物を場所の「主」（あるじ）と呼んでいる。「主」とはその場所に（いつも）居て、その場所を大切に思い、その場所（の運営）について何らかの役割を担っている人であり、その場所とセットでしか語り得ない人である（田中, 2010）。

「主」の後継者をどうやって育てるか、見つけるかは「まちの居場所」における重要な課題の1つだが、ここでは後継者とは何かを考えるためにも、「主」がどのような役割を担っているかを考えたい。

本書で対象とした4つの場所の考察より、「主」には3つの役割があるとまとめることができる。どのような場所にしたいのかという明確な理念を持っていること、運営内容を決めたり、訪れた人に対応したり、空間を整えたり、行政や各種団体、地域の人々への声かけなどの振る舞いによって理念を具現化し、第8章でみた価値を実現すること、そして、理念を事後的に共有していくことの3つである [9-2)。3つの役割に注目すれば、「主」とは運営主体となる団体の代表者の肩書きをもつ人物とは限らない。また、3つの役割が1人の人物によって担われるとは限らず、1つの「まちの居場所」に複数

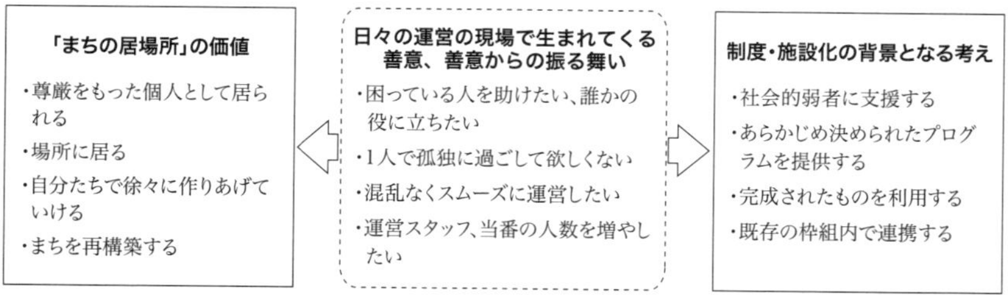

「まちの居場所」の価値	日々の運営の現場で生まれてくる善意、善意からの振る舞い	制度・施設化の背景となる考え
・尊厳をもった個人として居られる ・場所に居る ・自分たちで徐々に作りあげていける ・まちを再構築する	・困っている人を助けたい、誰かの役に立ちたい ・1人で孤独に過ごして欲しくない ・混乱なくスムーズに運営したい ・運営スタッフ、当番の人数を増やしたい	・社会的弱者に支援する ・あらかじめ決められたプログラムを提供する ・完成されたものを利用する ・既存の枠組内で連携する

(図9-1)「まちの居場所」の価値と制度・施設化

人の「主」が存在する場合もあり得る*9-3)。

　「まちの居場所」をどのような場所にするかという理念は重要だが、理念を抱いているだけでは「まちの居場所」は成立しない。本書の第3〜6章では、4つの場所で理念を具現化するためにどのような配慮、工夫がなされているのかをみた。そこで本書の最後に、理念の事後的な共有について考えてみたい。

　「親と子の談話室・とぽす」の白根さんは、折りにふれて発行している『とぽす通信』には常に「いま新しいコミュニケーションの心を考える」の言葉と、白根さんの「親と子の談話室・とぽす」に対する思いが記載されている。白根さんは「「とぽす」の通信にもいつも書くんですけれど、国籍とか性別とか立場とか障がいの有無、年齢も超えて、みんな平等にしましょうと」[2019-03-10]と話す。「居場所ハウス」は本書で対象としている他の3つの場所とは状況が異なり、ワシントンDCの非営利法人「Ibasho」の理念にもとづいた運営をしているが、それは8理念として明確に言語化されている。「居場所ハウス」では、「Ibasho」の清田さんの訪問にあわせて、オープンから2年数ヶ月が経過した2015年10月21日に理念を振り返り、今後の運営を考えるためのワークショップを開催している。「実家の茶の間・紫竹」には「その場にいない人の話をしない（ほめる事も含めて）」、「プライバシーを訊き出さない」、「どなたが来られても「あの人だれ!!」という目をしない」という約束事が掲示されている。これは約束事が破られそうになったら指さしすることで、その都度、理念を共有するためである。

　筆者が「実家の茶の間・紫竹」を訪問した時、高齢の女性がトイレに行こうとするのを見た河田さんは、立ち上がって女性の側にいきサポートをされた。このことについて河田さんは「トイレに行きたいとか、そのニーズに対して断ることがないというね。今私がやり、それを見ていた誰かが「前回はこういうやり方してたよね」って伝承されていくって言うからね。……。教えるというよりも、見て学んで役に立ちたい思いを表現していくって言うかな。それがうちの特徴なのかもわかんないですね」[2019-08-01]と話していた。自分自身の振る舞いを理念が具現化した光景として見てもらうことが考えられている。

　ただし、理念が具現化した光景を見てもらうとは、決して運営スタッフ、

当番の姿を見せるだけにとどまらない。本書で対象とした4つの場所は「思い思い」に過ごす人々が互いに「居合わせる」場所になっていたが、河田さんは「初めて来た人は、できるだけ外回りに座ってもらおう。そうすると、あんなことも、こんなこともしてる姿が見えてきますね。すると、色んな人がいていいんだっていうメッセージが、もうそこへ飛んでいってるわけですね。そっから始まっていくんです」［2019-08-01］と話す。第8章で取りあげた鈴木（2004）による「居方」が重要なのは、「思い思い」、「居合わせる」、「たたずむ」、「あなたと私」といった人が居ることを捉えるための豊かな語彙を提示していることと同時に、他者がそこに居ることの意味を提示していることである。鈴木は「ある場所に人が居るだけで、その人と直接のコンタクトがなくても、彼を見守っている者には様々な情報・認識の枠組みが提供されるのである。中でも重要なことは、ある人は、（自分自身では直接みえない）自分がその場に居る様子を、たまたま隣りにいる他者の居方から教えてもらっているという点である」とし、「あなたがそこにそう居ることは、私にとっても意味があり、あなたの環境は、私にとっての環境の一部でもある」と表現している。他者が「思い思い」に過ごす光景をみることは、そこは自分自身も「思い思い」に過ごしてよい場所であり、そのようにして他者をみている自分自身も既に「思い思い」に過ごしていることを認識するきっかけになる。上にあげた河田さんの発言は、このことに意識的な試みである。

　「まちの居場所」は当初の計画から必然的に導かれるかたちで運営されているわけはない。オープン当初には想像していなかった人との出会いや出来事に対応することで、運営のあり方は徐々に変化していた。つまり、「まちの居場所」がどのように変化してきたかという歴史自体が、理念が具現化されたものである。従って、「まちの居場所」の歴史を共有することも、理念を共有するための1つの方法だと言える。「実家の茶の間・紫竹」では壁に記録写真が掲示されており、「ひがしまち街角広場」では10月の周年記念パーティーでは記録写真をスライドショーにして上映されたことがある。この他に、記録を編集して本、冊子、アルバムにするという試みも行われている[9-4]。

　いずれの場所においても、理念を共有するために様々な配慮、工夫がなされている。繰り返しになるが、「まちの居場所」ではオープン当初には想

像していなかった人との出会いや出来事に対応することで、運営のあり方は徐々に変化していた。「まちの居場所」の歴史を辿るならば、現在の姿は様々な可能性の中からその都度選び取られたものの積み重ねによって成立していることになる。そうであるにも関わらず、「まちの居場所」はぶれずに運営されているようにみえる。その理由は、理念が明確であり、それが共有されているからだと言えるが、この部分をもう少し考察したい。

　白根さんは「親と子の談話室・とぽす」について次のように話している。「目的が最初は芽だったんだけど、それが少しずつ伸びていって枝をはって、実がなっていくみたいな。最初に植えるものは、普通の喫茶店にするか、ご飯屋さんにするか、居酒屋さんにするか、それによってしつらえ方が変わりますよね。私は子どもと大人のコミュニケーションの場所にすることを考えた。子どもと大人には年齢の差がある。それに付随して、差別とかそんなものを感じるものを全てとっぱらいたいっていうね、そこまでいってここを作ったので。それを「新しいコミュニケーション」と私は名づけたんだけど、それしか言葉としては表現できなかったので。「いま新しいコミュニケーションを考える」だから、まだ考え続けてるんですよ。その中に、心の病の人とのコミュニケーション、知的障がいの人のコミュニケーションも生まれてきたし」[2009-09-06]。当初、「親と子の談話室・とぽす」における「新しいコミュニケーション」は、子どもと大人との年齢の差を越えた関わりでああった。心の病を抱える人が来ることは想像されていなかったが、心の病を抱える人が訪れた時に、他の人と区別せずに500円のコーヒー代を受け取るという対応がなされた。ここで重要なのは、心の病を抱える人から500円のコーヒー代を受け取るという対応は、心の病を抱える人はお金がないと考えるという善意の先走りを抑えるとともに、「新しいコミュニケーション」の1つの具体例として、その言葉が示す中身を広げていることである。

　日々の運営の現場において生じる善意、善意からの振る舞いを「まちの居場所」の価値の実現へと結びつけることは、善意、善意からの振る舞いを新たな具体例とすることによって、理念の中身を豊かにすることだと言える[9-5]。

　「実家の茶の間・紫竹」における「参加者の約束事」、「居心地のいい場づくりのための作法」（河田, 2016）は、河田さんらが作りあげた「まごころヘルプ」のガイドブックが元になっている。「まごころヘルプ」の提供会員に

なるためにはガイドブックを用いた研修が行われていたが、河田さんは研修について「全部、事例で話しするわけです。それただベラベラっと喋るのは誰でもできるけど、全てを事例で話をしていくんです。何故、そうなのかを」、「コーディネーターが色んな事象にぶつかるじゃないですか。癌の末期の人が切なくて、もうやめたいなんて言って来たりね。そういうのも全部、体験としてみんなで持った時、研修に事例がどんどこ入っていくわけ。……。それを今度体験として、これ〔ガイドブック〕に肉付けしていくわけ」[2016-08-01]と話す。ガイドブックに書かれた内容を、具体例によって豊かにしていくことが行われていたのである。

　理念の中身は、日々の運営を通して生じる様々な出来事を具体例とすることによって、徐々に豊かなものになっていく。だから、それは絶えず共有しておくことが必要なのである。

あとがき：先行研究者から「まだ見ぬ読者」へ

　10年前に「親と子の談話室・とぽす」、「ひがしまち街角広場」、大阪府による「ふれあいリビング」整備事業の第一号として開かれた「下新庄さくら園」を対象として学位論文 (田中, 2007a) を執筆していた頃、各地には既に多くの「まちの居場所」が開かれつつあったが、ボランティアで運営されている場所が多く、きちんと組織化されていない「まちの居場所」は果たして持続可能なのか、活動に広がりが生まれていくのかという指摘もあったように思う。それから10年が経過した現在、「親と子の談話室・とぽす」、「ひがしまち街角広場」、「下新庄さくら園」の運営はいずれも継続されており、各地にはさらに多様なかたちの「まちの居場所」が開かれている。さらに、2015年に施行された「介護予防・日常生活支援総合事業」(新しい総合事業) では「まちの居場所」をモデルにした「通いの場」がサービスの1つに盛り込まれるなど、「まちの居場所」は社会を動かす動きにまでなっている。専門家や研究者、行政が新たな枠組みを提示する時代から、専門家や研究者、行政が各地の草の根の動きを後追いする時代へと移り変わりつつある。

　本書では「まちの居場所」の日々の運営の現場において生じる善意、善意からの振る舞いは、「まちの居場所」の価値を実現する契機にも、「まちの居場所」を制度・施設化する契機にもなることを述べた。ここで述べている制度・施設化とは、ある「まちの居場所」における現場の対応が硬直化していく「現場における施設化」という意味である。本書では制度・施設の枠組みの中にあることと、その枠組みからもれ落ちたものをすくいあげようとすることはどう両立し得るのかを考察することが目的であったが、現場における

善意は「まちの居場所」の価値の実現にも、制度・施設化にもつながるという意味で、両者は既に共存していると言える。だから、「まちの居場所」が価値を継承し続けるためには、「現場における施設化」を避けなければならない。そのためにポイントになるのが理念の共有だというのは、ありきたりの結論だと思われたかもしれないが、理念の中身を事後的に豊かなものとして育てあげ、共有していくことがもつ意味にはもっと注目されてよいと考えている。

「まちの居場所」の制度・施設化には、これとは異なるもう1つの意味がある。「介護予防・日常生活支援総合事業」（新しい総合事業）で「まちの居場所」をモデルとした「通いの場」がサービスの1つとして盛り込まれたように、「まちの居場所」を広く普及させようとする意図のもとに行われる制度・施設化である。これをここでは「社会における制度・施設化」と呼びたい。「社会における制度・施設化」とは、上に書いたとおり「まちの居場所」を広く普及させたいという意図に基づくものであり決して否定することではない。けれども、「社会における制度・施設化」においても「まちの居場所」の価値を継承することが重要なのは言うまでもない。

「社会における制度・施設化」は現場の情報を収集し、分析によって成功のための要素を抽出するというプロセスを経て行われるものであり、このプロセスにおいて専門家、研究者は大きな役割を担ってきた。けれども、上に書いた通り時代は移り変わりつつある。

佐藤（2015）は社会システムは「血縁型の封建社会」、「ハブ型の近代社会」、「分散型の現代社会」と変遷してきたと述べている（表10-1）。「ハブ型の近代社会」とは「「情報の非対称性」、言い換えれば「誰もが同じ情報を容易に共有できない」ことを前提につくられて」おり、このような社会では「どこか一カ所に中心をつくり、そこに情報を集めて誰かが代わりに指示を出す形が、最も効率的なアプローチでした。この情報を掌握し、全員に業務を命令することのできる「代理人」がこの時代は権力を握」ると佐藤は指摘する。「血縁型の封建社会」から「ハブ型の近代社会」への移行においては、様々な制度・施設が整えられることで「社会における制度・施設化」が進められたと言えるが、この時、専門家や研究者は「代理人」として振る舞ってきたのである。例えば、筆者が専攻した建築計画学においては、専門家や研究者は

各地の事例を調査し、それを成立させる様々な要素を抽出することで社会が必要とする様々な施設を作りあげてきた。ただし、建築計画学の専門家、研究者は現場の声を決して無視してきたわけではないことは忘れてはならない。専門家や研究者は現場の意見、使われ方に徹底してこだわってきたのである。ただし、現場の声が大切にされてきたとは言え、現場の人々が「社会における制度・施設化」のプロセスに携わる当事者になることはなかった。専門家や研究者が現場の声を伝える「代理人」として振る舞っていたからである。

現在の「まちの居場所」をめぐる動きはこれとは異なっている。本書で何度か述べてきたように、専門家や研究者、行政によって作られた制度・施設の枠組みからもれ落ちたものをすくいあげようとする切実な思いを抱いた人々が、自らが当事者となって、各地に同時多発的に「まちの居場所」を開き始めたのである。こうした現象を佐藤による「ハブ型の近代社会」から「分散型の現代社会」への移行と捉えることができる。

佐藤（2015）は「情報の非対称性」が崩れていくことで「ハブ型の近代社

(表10-1) 佐藤（2015）による社会システムの変遷

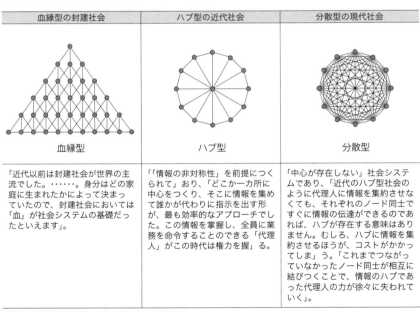

血縁型の封建社会	ハブ型の近代社会	分散型の現代社会
血縁型	ハブ型	分散型
「近代以前は封建社会が世界の主流でした。……。身分はどの家庭に生まれたかによって決まっていたので、封建社会においては「血」が社会システムの基礎だったといえます」。	「「情報の非対称性」を前提につくられて」おり、「どこか一カ所に中心をつくり、そこに情報を集めて誰かが代わりに指示を出す形が、最も効率的なアプローチでした。この情報を掌握し、全員に業務を命令することのできる「代理人」がこの時代は権力を握」る。	「中心が存在しない」社会システムであり、「近代のハブ型社会のように代理人に情報を集約させなくても、それぞれのノード同士ですぐに情報の伝達ができるのであれば、ハブが存在する意味はありません。むしろ、ハブに情報を集約させるほうが、コストがかかってしま」う。「これまでつながっていなかったノード同士が相互に結びつくことで、情報のハブであった代理人の力が徐々に失われていく」。

※佐藤（2015）に掲載されている図をもとに作成した。

会」から「分散型の現代社会」へと移行すると指摘する。「分散型の現代社会」とは「中心が存在しない」社会システムであり、佐藤は「近代のハブ型社会のように代理人に情報を集約させなくても、それぞれのノード同士ですぐに情報の伝達ができるのであれば、ハブが存在する意味はありません。むしろ、ハブに情報を集約させるほうが、コストがかかってしまいます」、「これまでつながっていなかったノード同士が相互に結びつくことで、情報のハブであった代理人の力が徐々に失われていくというのが、これからの社会システムの変化を見通すうえでの重要な原理原則です」と指摘している。

　現在、「まちの居場所」に関わる人々が書籍、ウェブサイト、SNS、あるいは、講演などによって情報を発信しており、専門家や研究者、行政はもはや「代理人」としての役割を果たせなくなりつつある。単に情報を発信するのみならず、「代理人」を介さずに「まちの居場所」同士が相互に結びつこうとする萌芽的な動きもみられる。本書で対象とした「ひがしまち街角広場」が運営している新千里東町では、千里文化センター・コラボに「コラボひろば（コラボ交流カフェ）」、府営新千里東住宅に「3・3ひろば」、UR新千里東町団地に茶話会が生まれている。運営のあり方はそれぞれ異なっているが、いずれの場所も「ひがしまち街角広場」のような場所が欲しいという考えによって開かれた場所である。「ひがしまち街角広場」の情報が「代理人」を介すことなく、現場から現場へと直接伝えられたのである。「実家の茶の間・紫竹」は、河田さんらが以前運営していた「うちの実家」を再現したものである。地域包括ケア推進モデルハウスの開設という行政からの働きかけがオープンのきっかけだが、行政が「うちの実家」についての情報を「代理人」として保有するのではなく、「うちの実家」の現場にいた河田さんらが「実家の茶の間・紫竹」の現場に関わるというかたちで開かれたものであり、ここでも「代理人」を介して情報が伝えられているわけではない。

　「社会における制度・施設化」とは、「まちの居場所」を広く普及させたいという意図に基づくものであったが、「まちの居場所」の情報が「代理人」を介すことなく現場から現場へと伝わっていく動きがさらに進んでいくならば、「社会における制度・施設化」が「まちの居場所」を広く普及させるための唯一の方法ではなくなり、それぞれの「まちの居場所」がいかに価値を継承できるかという「現場における施設化」を避けることが大きなテーマと

なる。

　ただし、「まちの居場所」の運営は、どのような地域で運営されているかという地域性を抜きにして考えることはできない。そのため、「代理人」を介すことなく「ノード」同士で情報をやりとりしたとしても、他の「まちの居場所」の取り組みはそのまま適用できるマニュアルにはならない。こうした状況において求められているのは、ハブの位置に立つ「代理人」ではなく、「ノード」同士が結びつこうとする際に、地域の状況に応じて価値を通訳すること（Interpretation）のできる存在である。そのためには、価値の中身を具体例とともに多面的なものとして理解しておくこと（Interpretation）が必要である。各地の事例から成功のための要素を抽出するのではなく、具体例を価値とともに語るための辞書のようなものを編集しようとする姿勢が求められる *10-1)。

　人の存在を社会問題として語らないことも求められる。高齢者の人口が増えていることは、現在社会が抱える大きな問題の1つかもしれない。けれども、1人ひとりの高齢者の存在自体は問題ではないのである。

　「親と子の談話室・とぽす」では両親と学校の先生という「利害関係のある大人」だけとしか関わっていない思春期の子ども、「ひがしまち街角広場」では「何となくふらっと集まって喋れる、ゆっくり過ごせる場所」[2005-09-01] がない人、「居場所ハウス」を提案した「Ibasho」では面倒をみられる存在として見なされる傾向にある高齢者、「実家の茶の間・紫竹」のモデルとなった「うちの実家」では地域の茶の間にこのまま泊まりたいと話した高齢者というように、ある特定の属性をもった人々との出会いが場所をオープンするきっかけになっている。

　ただし、きっかけとなった出会いにおいて、対象とされる人々はまだどのようにもカテゴライズされることのない具体的な個人だったはずである。それゆえ、人をカテゴライズして社会問題とするのではなく、具体的な個人との出会いという起源に常に立ち戻ろうとする姿勢が求められる。そして、社会的弱者を支援するという話を持ち出すことなく、「まちの居場所」について語るための豊かな語彙、表現方法をもつ必要がある。

　全く別の地域で、全く別の活動をされてきたにも関わらず、「親と子の談

話室・とぽす」の白根さん、「ひがしまち街角広場」の赤井さん、「実家の茶の間・紫竹」の河田さんの3人の言葉には多くの共通点がある。ここには今という時代が現れているのではないかと考えている。内田（2010）は学術論文の本質は「「まだ見ぬ読者」を宛先にした「贈り物」」であることだと述べているが、本書執筆の背景には「まちの居場所」のパイオニア的な場所を開き、現場に立ち続けてこられた方々から聞かせていただいた言葉を、「まだ見ぬ読者」へと手渡しておきたいという思いもある。

　本書が「まちの居場所」の可能性を考えるとともに、地域における豊かな暮らしとは何かについても考えるための1つのきっかけになれば幸いである。

注

第1章

*1-1) 文部科学省ウェブサイト「文部科学省のいろいろなデータ」のページによれば、2007年5月1日現在の全国の小学校数は22,693校である。また、一般社団法人日本フランチャイズチェーン協会（JFA）のウェブサイトの「コンビニエンスストア統計調査月報」（2015年11月度）によると、2015年11月時点の全国のコンビニエンスストアの店舗数は53,309店である。「まちの居場所」の数は発言者によって大きく異なっているが、例えば、昆布山（2015）の発言に従えば「まちの居場所」は全国の小学校数より多いことになる。

*1-2) コミュニティ・サポートセンター神戸（2016）より。冊子には神戸市内の268ヵ所の居場所に加えて、兵庫県内の6ヵ所の居場所の情報も掲載されている。

*1-3) 奈良介護保険研究会居場所プロジェクト実行委員会「奈良の居場所」ウェブサイトに掲載されている「奈良県の居場所マップ①」、「奈良県の居場所マップ②」、「奈良県の居場所マップ③」より。

*1-4) 大阪府「自治会等の活動について（府営住宅入居者向け）」のウェブサイトより。

*1-5)『高齢者見守り・支え合い活動事例集』新潟県福祉保健部高齢福祉保健課, 2015年3月より。地域の茶の間の数は新潟県の調査による。

*1-6) 厚生労働省「地域包括ケアシステム」のウェブサイトより。

*1-7) さわやか福祉団（2016）では「新地域支援事業における「通いの場」はまさに、「居場所・サロン」の仕掛けであ」ると指摘されている。

*1-8)『地域づくりによる介護予防を推進するための手引き』三菱総合研究所, 2015年3月より。この手引きは平成26年度 厚生労働省老人保健事業推進費等補助金 老人保健健康増進等事業「地域づくりによる介護予防の取組の効果検証・マニュアル策定に関する調査研究事業」により作成されたものである。

*1-9) 介護予防・日常生活支援総合事業」（新しい総合事業）においては、住民・ボランティア主体の「通いの場」の参考として、「介護予防・生活支援サービス事業における住民主体による支援としての通所型サービスB」、「一般介護予防事業の地域介護予防活動支援事業における住民主体の通いの場」の2つの類型が示されている（さわやか福祉団, 2016）。

*1-10)『クリスチャン新聞』ダイジェストのウェブサイトより。「親と子の談話室・とぽす」に関する記事が掲載されていたのは1996年11月03日号。

*1-11)「千里グッズの会」は「魅力ある街には魅力ある絵はがきがある」という考えをきっかけとし、2002年に立ち上げられた任意団体である。「千里グッズの会」では千里ニュータウンの絵はがき作り、千里ニュータウンに関する展示会の開催、ニュータウンにまつわる映画の上映会などを行っており、毎月の定例会を「ひがしまち街角広場」で開催していた時期もある。

*1-12) 本書で［ ］内に示す数字は、発言がなされた年月日を表す（例えば、［2005-09-01］は2005年9月1日の発言を表す）。発言者は特記しない場合、「親と子の談話室・とぽす」は白根良子さん、「ひがしまち街角広場」は赤井直さん、「実家の茶の間・紫竹」は河田珪子さんである。本書の執筆においては「まちの居場所」の運営者らに対してこれまで行ってきたインタビュー記録、筆者によるフィールドノート、写真、各種資料などを、「居場所ハウス」については運営日誌、ゲストブック、定例会の記録、行事・活動のチラシ、オープンまでに開催されたワークショップ・会議の記録などを資料として用いている。インタビューを行った日は、「親と子の談話室・とぽす」は2005年1月13日、2005年4月22日、2005年8月31日、2006年9月6日、2007年7月24日、2016年3月10日、「ひがしまち街角広場」は2005年6月18日、2005年6月25日、2005年7月9日、2005年7月29日、2005年8月5日、2005年8月31日、2007年2月25日、2009年8月17日、2011年8月6日、2015年7月21日、2016年6月13日、「実家の茶の間・

167

紫竹」は 2016 年 8 月 1 日である。2005 年 2 月 19 日は「親と子の談話室・とぽす」の白根さん、「ひがしまち街角広場」の赤井さんと、「佐倉市ヤングプラザ」の設立に携わった千葉県佐倉市の市職員を招いて開催した座談会における発言である（白根ほか、2005）。2005 年 9 月 1 日は筆者が所属する日本建築学会の環境行動研究小委員会主催の研究懇談会「街角の居場所の創出〜実践者を迎えて〜」における発言である。この研究懇談会は「親と子の談話室・とぽす」の白根さん、「ひがしまち街角広場」の赤井さん、「佐倉市ヤングプラザ」の設立に携わった千葉県佐倉市の市職員、「宅老所ひだまり」の代表者の 4 人を迎えて開催した。なお筆者はインタビューを行った日以外にも「親と子の談話室・とぽす」、「ひがしまち街角広場」を訪れている。

*1-13) アンケート調査の有効配布数は 478 ヵ所で、有効回収率は 34.7％である（大分大学福祉科学研究センター , 2011）。

*1-14) 表 1-4 は 4 つの場所が開かれている地域の規模を把握するためのものであり、いずれの場所においても対象者が表 1-4 に示した地域の住民に限定されているわけではない。

*1-15) さわやか福祉財団 (2016) では「居場所・サロン」を立ち上げるポイントが「ひと」、「もの（場所・物品等）」、「おかね」、「情報」に分けて紹介されている。本書で考察するのは「ひと」、「もの（場所・物品等）」、「おかね」の 3 つである。「情報」を除いたのは、「情報」は「ひと」、「もの（場所・物品等）」、「おかね」のように確保するものではないと考えたからである。

第 2 章

*2-1) この後刊行された『広辞苑』においては、「居場所」が次のように説明されている。第二版 (1969 年)、第二版補訂版 (1976 年) では「いるところ。また、すわるところ。いどころ。」と説明が追加されたが、第三版 (1983 年) から最新版の第六版 (2008 年) では「いるところ。いどころ。」というように、漢字がひらがなになっているのを除けば初版の説明に戻っている。

*2-2)「親と子の談話室・とぽす」が「特に“不登校”にテーマをしぼり、フリースクールの活動を中心に、それ以外でもユニークな取り組みを行っている所」を紹介する書籍（増田 , 1999）に取り上げられていること自体が、居場所としての「親と子の談話室・とぽす」が、不登校との関連で捉えられていた時代であったことの現れである。

*2-3)『平成 16 年度文部科学白書』文部科学省 , 2005 年 3 月より。

*2-4) 居場所は「個人として、孤立せずに」あるという関係性の豊かさを表現するために使われている言葉だが、これはかつて我が国に存在した「無縁」「公界」「楽」に通じる。網野 (1996) は「戦国時代、「無縁」「公界」「楽」という言葉でその性格を規定された、場、あるいは人（集団）の根本的な性質は、これまでくり返しのべてきたように、主従関係、親族関係等々の世俗の縁と切れている点にある」と指摘する。そして、そこからおのずと生れてくる特徴として「①不入権」、「②地子・諸役免除」、「③自由通行権の保証」、「④平和領域、「平和」な集団」、「⑤私的隷属からの「解放」」、「⑥貸借関係の消滅」、「⑦連坐制の否定」、「⑧老若の組織」をあげ、「このすべての点がそのままに実現されたとすれば、これは驚くべき理想的な世界といわなくてはならない。俗権力も介入できず、諸役は免許、自由な通行が保証され、私的隷属や貸借関係から自由、世俗の争い・戦争に関わりなく平和で、相互に平等な場、あるいは集団」と述べている。

第 3 章

*3-1) 白根さんが折にふれて発行している『とぽす通信』の「VOL.2」(1987 年 5 月) には、当時の「ヤングタイム」として「フレッシュジュース（とぽす特製おやつつき）」、「三色アイスクリーム」が各 150 円で提供することが記載されている。その後、校則も緩やかになり、子どもたちを取り巻く状況も変化しているが、「ヤングタイム」の時間は残されている。現在でも子どもたちが水を飲みに立ち寄ることもあるが、これは「ヤングタイム」の時間に限らない。『とぽす通信』は両面印刷された B4 用紙が 2 つ折りにされた、B5 サイズ 4 ページの通信である。

*3-2)『とぽす通信』「「とぽすとその仲間展」第18回記念号」2011年より。

*3-3)『とぽす通信』の表紙には、毎号「いま新しいコミュニケーションの心を考える」という言葉が記載されている。

*3-4)『とぽす通信』「とぽす響きの会」第60回記念号」2002年より。

*3-5)『とぽす通信』「「とぽすとその仲間展」第18回記念号」2011年より。

*3-6) 不登校の子どもが来るきっかけは、親からの連絡だと白根さんは述べている。*2-2) とも関連するが、このことからも、当時の不登校は、子どもだけではなく、不登校の子どもをもつ親たちが直面した課題だったこことがわかる。

*3-7) 心の病を抱える人が行けるデイサービスや共同作業所は増えてきたが、そのような場所に行けずに引きこもっている人がいることを白根さんは懸念している。

*3-8) 参加費は飲物、食事の代金が含まれている。例えば、絵手紙教室は飲物代と材料代をあわせて1,000円、シネマ・クラブの会、歌と語りの夕べは飲物代、食事代の1,000円が参加費とされている。

*3-9)『とぽす通信』「「とぽすとその仲間展」第18回記念号」2011年より。

*3-10)『とぽす通信』「とぽす響きの会」第60回記念号」2002年より。

第4章

*4-1) 新千里東町における「歩いて暮らせる街づくり事業」から「ひがしまち街角広場」のオープンまでの経緯、及び、社会実験期間中の運営については伊富貴 (2001)、赤井ほか (2002)、伊富貴ほか (2002)、宮本 (2004)、『歩いて暮らせる街づくり構想推進事業　ひがしまち街角広場　記録集』(生活環境問題研究所, 2002年3月)、『近畿圏における持続可能なまちづくりに関する調査業務　報告書』(国土交通省近畿地方整備局, 2004年3月) も参考にした。

*4-2)「千里グッズの会」は、このように個人的に「ひがしまち街角広場」に協力する豊中市職員、生活環境問題研究所職員も関わって設立された。

*4-3)「ひがしまち街角広場」のリーフレットより。

*4-4) ボランティア2名で1日の運営を担当することがほとんどだが、3名の場合や、午前・午後でボランティアが交代する場合もある。

*4-5) 現在でもカレンダーによって、担当者が決められている。しかし、各曜日の担当者が定着・固定してきたことから、現在ではカレンダーには必ずしも毎日、担当者の名前が書かれているわけではない。また、カレンダー自体も奥まったところに掲示されているため、来訪者がカレンダーをみることはできなくなった。

*4-6) 直田 (2005) でも、「A〔赤井〕さんの活動の背景には、公民分館長、自治会、社会福祉協議会などの活動歴があり、そのネットワークを活用してボランティアさんを集めるなど、地域に根付いた活動が住民や行政の信頼を集めたのである」と指摘されている。

*4-7) 現在、この部分は必ずしも徹底されているわけではなく、「ひがしまち街角広場」の運営資金が十分でないこともあり、地元の近隣センターより安く売っている店で備品、食材などを購入することもある。

*4-8) 最近では学校通信は掲示されなくなっている。

*4-9) 千里ニュータウンのまち開き当初に入居した人々を、ここではニュータウンの「第一世代」と呼んでいる。

*4-10)「東丘ふれあい運動会」は、その後、集合住宅の建て替えが進み児童数が増加したため、2009年からは小学校の運動会と地域の運動会とはまた別々に開催されるようになった。

*4-11) 15年以上の運営実績があるにも関わらず、近隣センターの移転・建替によって「ひがしま

ち街角広場」が運営場所を確保することが困難になっているのは、地域で「ひがしまち街角広場」の価値が十分に共有されていないこと、そして、近隣センターの移転・建替では地権者の意向が優先され、賃貸者は立場が弱いことという問題がある。

第5章

*5-1）末崎町内の山岸仮設、平林仮設は既に撤去が完了、小中井仮設住宅は 2016 年 12 月末で閉鎖された。大田仮設は 2017 年 3 月末で閉鎖予定、大豆沢仮設は 2018 年 7 月末で閉鎖予定である。大船渡市応急仮設住宅支援協議会「大船渡仮設住宅団地 Official Site」より。なお、2017 年 1 月 4 日時点の入居戸数 36 戸は市役所への派遣職員や支援者も含まれている。

*5-2）「Ibasho」は設立以来、スリランカ、コートジボワール、ブータンで高齢者の住まいの計画・建設・改修のコンサルタントなどを行ってきた。2015 年 2 月からは、2013 年台風 30 号（台風ヨランダ）の被災地であるフィリピンのオルモック市で「Ibasho フィリピン」、2016 年 8 月からは、2015 年ネパール大地震の被災地であるネパールのマタティルタ村で「Ibasho ネパール」のプロジェクトをスタートさせている。清田さんによれば、高齢者の権利や地位の向上を目指す活動を行う上で、従来の介護や高齢者に対するイメージを想起させない言葉として、米国では外来語である「Ibasho」という言葉を団体名に採用したということである。「Ibasho」は当初は開発途上国でのプロジェクトを行う予定だったが、東日本大震災をきっかけとして日本でプロジェクトを行うことになった。米国、及び、それまでにプロジェクトを行ってきた開発途上国において「Ibasho」は外来語だが、日本でプロジェクトを行ったことで「Ibasho」は日本語の「居場所」と重なりをもって捉えられることになり、「居場所」創造プロジェクト、「居場所」ハウスという日本語表記が採用されることになる。筆者は、「Ibasho」の 8 理念は日本語の「居場所」がもつ意味と重なる部分が多いと考えている。ただし、ワシントン DC の非営利法人「Ibasho」においては、具体的な場所を作ることはあくまでも 8 理念を実現するための 1 つの手段であることは確認しておきたい。実際に「Ibasho フィリピン」、「Ibasho ネパール」では最初から「まちの居場所」のような場所を作るのではなく、ペットボトルのリサイクル活動、農園での野菜作りなどからプロジェクトが始められている。

*5-3）オペレーション USA（Operation USA）は米国ロサンゼルスに拠点をおく国際 NGO。1979 年の設立以来、99 ヶ国でプロジェクトを行っている。

*5-4）正式名称は「ハネウェル・ヒューマニタリアン救済基金」。この基金はハネウェル社の社員の寄付金によるものである。

*5-5）特技を紹介するワークショップの後、事務局をつとめていた社会福祉法人の職員を中心に、「居場所ハウス」で実現可能なプログラム案が作成された。「居場所ハウス」の運営時間帯をカバーするように時間帯が設定され、実施場所や対象者までが考えられた詳細な内容ではあるが、このプラグラム案がオープン後の運営に結びつくことはなかった。このプログラムが妥当なものかどうか、具体的にどのように実施していくかなどの議論がなされなかったからである。この出来事から学ぶべき重要なことは、地域の人々が特技をいかすプログラムの寄せ集めでは、日常の場所である「居場所ハウス」を運営できないということである。「居場所ハウス」オープンまでに抜け落ちていたのは、地域の人々が特技をいかすための場所自体をどうやって成立させるかという視点である。オープン後に「居場所ハウス」を運営するためのボランティアが集まらなかったことの要因として、こうした視点の欠如をあげることができる。「居場所ハウス」オープンまでの経緯は田中（2016a）も参照。

*5-6）2014 年 10 月、「Ibasho」と米国パデュー大学は、世界銀行防災グローバル・ファシリティ（GFDRR）からの補助を受けて「居場所ハウス」に関するアンケート調査を実施した。アンケート調査は大船渡市内の 18 歳以上の住民を対象として実施したものであり、回答者 1,164 人のうち、運営スタッフも含めて「居場所ハウス」に行ったことがあるのは 123 人であった。123 人が「居場所ハウス」を訪れる頻度に注目し、月に 1 回以上来る人を「定期的に来る人」、それ以外の人を「定期的に来ない人」に分類すると、「定期的に来る人」は 34 人、「定期的に来ない人」は 79 人。

170

それぞれの属性をみると、「定期的に来る人」は 60 〜 74 歳の人が中心である一方、「定期的に
来ない人」は 30 〜 44 歳、次いで、45 〜 59 歳が多くなっていた。来訪者の性別は「定期的に
来る人」は男性と女性が半数ずつであり、「定期的に来ない人」は女性の方が多いという結果となっ
た。調査結果の詳細は田中（2016a）を参照。

*5-7）「Ibasho」によるオペレーション USA への提案書には「Cafe（カフェ）」という表記が用い
られており、末崎町でのプロジェクトが始まった当初は「「Ibasho」カフェ（居場所カフェ）」
という呼称が用いられている。一方、「居場所創造プロジェクト」の名称は、事務局を担ってい
た社会福祉法人が NPO 法人設立の補助金を受けるために内閣府「SEEDx 地域未来塾」に申請
した事業名である。2012 年 9 月 15 日に開催された NPO 法人の設立総会では、定款案に法人
名として「居場所創造プロジェクト」が記載されていた。設立総会の議論で、「居場所創造プロジェ
クト」という呼称はわかりにくいため、法人名とは別に建設する場所に愛称をつけた方がよいと
提案された。愛称については最初、「居場所カフェ」という提案があったが、カフェはわかりに
くいので「居場所ハウス」にするのはどうかと提案された。こうした経緯で、NPO 法人の名称
が「居場所創造プロジェクト」とされ、建設する場所には「居場所ハウス」という愛称がつけら
れることが決定した。設立総会では「居場所ハウス」より相応しい愛称が出てくれば変更する可
能性があることについて言及されているが、その後、「居場所ハウス」という愛称は定着している。
オープン後、地域の人々は「居場所ハウス」のことを、短縮して「居場所」と呼ぶことが多い。

*5-8）「コアメンバー」、「パート」、「おたすけ隊」の分類は田中（2016a）での分類をふまえたもの
であるが、最近ではパートが土日の運営をサポートしたり、「おたすけ隊」が平日の運営をサポー
トしたり、「コアメンバー」が「パート」、「おたすけ隊」をサポートしたりすることも多くなり、
3 つのグループの境界は以前ほど明確でなくなりつつある。

*5-9）サポートセンター（高齢者等サポート拠点）は「震災で被災された要援護高齢者などを中心
に、市内全域の皆さんの生活支援や地域の人の交流を手助けし、安心な日常生活を送ってもらう
ことなどを目的として設置」されたもので、2012 年 6 月 15 日、大船渡市内に 4 ヵ所開設され
た。『広報大船渡』No.985、2012 年 6 月 20 日号より。末崎地区サポートセンターは「居場所ハ
ウス」設立に関わった社会福祉法人が委託を受け運営している。当初、末崎地区サポートセンター
は独立した建物をもたず、社会福祉法人が運営する末崎町デイサービスセンター内で運営されて
おり、2013 年 4 月 2 日から現在の建物での運営が始まった。なお、末崎地区サポートセンター
は 2017 年 3 月末で閉鎖されることが予定されている。

*5-10）米国のハネウェル社からは建物の建設費、オープン当初に必要な備品などの購入費、建
物のメンテナンス費用の補助を受けているが、日々の運営費については補助を受けていない。
「Ibasho」は金銭的な支援をする団体ではないため、「居場所ハウス」に限らず、「Ibasho フィリ
ピン」、「Ibasho ネパール」の活動に対しても金銭的な支援は行っていない。

*5-11）末崎町には 18 の集落（公民館）があったが、東日本大震災で大きな被害を受けた泊里が解
散したため、現在 17 の集落（公民館）となっている。

*5-12）ただし、市役所への派遣職員や支援者などは仮設住宅の自治会のみに参加している。

*5-13）大船渡市末崎町には、「居場所ハウス」と同様の活動として「デジタル公民館まっさき」がある。
「デジタル公民館まっさき」は、東日本大震災後、東京の「霞ヶ関ナレッジスクエア」の提案で
開始された。2016 年度までは「霞ヶ関ナレッジスクエア」が事務局をつとめていたが、今後は
末崎町の人々が主体となって活動を継続することになり、現在、そのための方法が模索されてい
る。

第6章

*6-1）新潟市による「新潟市地域包括ケア推進モデルハウス」ウェブサイトより。

*6-2）2016 年 12 月 31 日現在の東区紫竹 2 丁目〜 7 丁目を合計した人口・世帯数で、住民基本台
帳人口より。中央区に位置する紫竹 1 丁目を加えて紫竹 1 丁目〜 7 丁目を合計した場合、人口

は 6,608 人、世帯数は 3,086 世帯となる。

*6-3) 横川（2004）には「まごころヘルプ」が「自分ができるときにヘルプ活動をしたい人と、その手助けを受けたい人がともに会員となって相互に支えあう、在宅介護の支援ネットワーク」とも紹介されている。

*6-4)『常設型地域の茶の間　うちの実家　10 年の記憶　2003-2013』常設型地域の茶の間「うちの実家」2013 年

*6-5)『高齢者見守り・支え合い活動事例集』新潟県福祉保健部高齢福祉保健課 , 2015 年 3 月より。地域の茶の間の数は新潟県の調査による。

*6-6)「実家の茶の間・紫竹　開設 1 周年お祝い会」資料より。来訪者数には視察、研修、取材に来た人の人数も含まれている。

*6-7)『常設型地域の茶の間　うちの実家　10 年の記憶　2003-2013』常設型地域の茶の間「うちの実家」2013 年

*6-8)「居場所担当」、「食事担当」という呼び方は河田（2016）による。

*6-9) サポーターの男性が当番をすることもある。

*6-10) 筆者が「実家の茶の間・紫竹」を訪問した 2016 年 8 月 1 日、12 時頃になると「自称、若いと思ってる方、食事を運ぶのを手伝ってください」という声がかかり、小学生の女の子も含め何人かが立ち上がり食事を運ぶのを手伝った。

*6-11)『常設型地域の茶の間　うちの実家　10 年の記憶　2003-2013』常設型地域の茶の間「うちの実家」2013 年

*6-12) 河田さんらが 2003 年 3 月から 2013 年 3 月まで運営していた「うちの実家」では補助金、助成金を受けずに運営がなされていた。

*6-13) 部屋には「プライバシーを訊き出さない」、「どなたが来られても「あの人だれ !!」という目をしない」という約束事が 1 枚ずつ、「その場にいない人の話をしない」という約束事が 2 枚（2 枚のうち 1 枚には（ほめる事も含めて）という但し書きがつけられている）、計 4 枚の約束事が書かれた紙が貼られている。

*6-14) 2016 年 5 月 21 日には新潟市秋葉区に第 2 の地域包括ケア推進モデルハウスとして「まちの茶の間　だんだん・嶋岡」が開かれている。「まちの茶の間　だんだん・嶋岡」は「こすどプラチナネットワーク」が運営し、毎週火・土曜の週 2 回開かれている。「区内初の地域包括ケア推進モデルハウス　まちの茶の間　だんだん・嶋岡」・『あきは区役所だより』第 221 号 , 2016 年 6 月 19 日号より。

第 7 章

*7-1)『とぽす通信』「「とぽすとその仲間展」第 18 回記念号」2011 年より。

*7-2)「親と子の談話室・とぽす」、「ひがしまち街角広場」は補助金を受けずに運営されているが、このことは行政との関わりを全くもたずに運営していることを意味するわけではない。白根さんは事故や事件が起きたら自分が責任をもつと学校・教育委員会と交渉し、「親と子の談話室・とぽす」は学校公認の「子供だけでも入れる図書コーナー付きの喫茶店」として開かれた。「ひがしまち街角広場」では子どもが学校帰りに水を飲みに立ち寄ることが学校公認とされたり、学校新聞が掲示板に貼られたりしている。

*7-3) 地域の高齢化が進んでいるため、赤井さんは新千里東町近隣センターの空き店舗を活用して、高齢者への配食サービスを行いたいという考えをもっていた。しかし、空き店舗を利用することができず、現時点で配食サービスは実現していない。

*7-4) 筆者のフィールドノートにおける 2013 年 9 月 4 日の理事会の記録より。

*7-5) 筆者は食堂の運営が始まってから1ヶ月ほど経過した2015年6月21日のフィールドノートに、「○○さんは食べ終えた食器を洗ってくださった。パートの人がいる日に○○さんがキッチンに立つことはないが、今日のようにパートがキッチンに立っていなければ、キッチンに立って〔食器を洗うという〕仕事を分担してくださることがわかる」（表記は一部変更している）と書いている。

第8章

*8-1) アレント（1994）は「三つの基本的な人間の活動力」として「労働 labor」、「仕事 work」、「活動 action」をあげている。「労働」とは「人間の肉体の生物学的過程に対応する活動力」、「仕事」とは「人間存在の非自然性に対応する活動力」であり「すべての自然環境と際立って異なる物の「人工的」世界を作り出す」もの、「活動」とは「物あるいは事柄の介入なしに直接人と人との間で行なわれる唯一の活動力であり、多数性という人間の条件」に対応する。アレントは「多数性が人間活動の条件であるというのは、私たちが人間であるという点ですべて同一でありながら、だれ一人として、過去に生きた他人、現に生きている他人、将来生きるであろう他人と、けっして同一ではないからである」と指摘している。ここで述べているかけがえのない存在とは「多数性」のことである。「まちの居場所」はアレントのいう「活動」になっているという指摘は、「デジタル公民館まっさき」の事務局をつとめる「霞ヶ関ナレッジスクエア」の丸山修氏の指摘による。

*8-2) 橘（1997）は人と環境の関係のモデルとして「人はある明確な意図・目的を持って行動しており、ある目的を達成するための場を選択し、そこに行って目的を果たして帰ってくる」という「意図支配モデル」と、「まずは地域での行動・生活があり、そこでさまざまな相互作用の結果、その場・その時の状況によって自分との関係付けが形成され」るという「行動先行モデル」の2つをあげており、「まちの居場所」とは「行動先行モデル」の立場に立つものだと言える。橘は「行動先行モデル」とは「人と環境との相互作用によるより柔軟な関係」であり、「とくに身体的・社会的状態の変化が激しく、また個人差も大きい高齢者が住み続けられる地域環境を考えたとき、人と環境との関係の柔軟さは重要な視点となると思われる」と述べている。

*8-3) この点において、「まちの居場所」は「街角」を生み出そうとしていると言ってよい。「街角」とは、立ち話をしている人、物を売る人・買う人、座って道行く人々を眺めている人、足早に通り過ぎて行くだけの人という場面が浮かび上がってくるような場面である。こうした場面は、ある区域を意味する「まち」が建物や人々を上から俯瞰する場面を思い起こさせるのとは対象的である。ジェイコブズ（2010）が次のように述べる「街頭」も「街角」に近い。「都市街路の信頼は、街頭で交わす数多くのささやかなふれあいにより時間をかけて形づくられています。ビールを一杯飲みに酒場に立ち寄ったり、雑貨店主から忠告をもらって新聞売店の男に忠告してやったり、パン屋で他の客と意見交換したり、玄関口でソーダ水を飲む少年二人に会釈したり、夕食ができるのを待ちながら女の子たちに目を配ったり、子供たちを叱ったり、金物屋の世間話を聞いたり、薬剤師から一ドル借りたり、生まれたばかりの赤ん坊を褒めたり、コートの色褪せに同情したりすることから生まれるのです。慣習はさまざまです。飼い犬についての情報交換をする近隣や、家主についての情報交換をする近隣もあります」。鈴木（2005）は「生活環境とは、われわれが日々体験できる空間的・社会的なひろがりとそのポテンシャルである。具体的な現れとしては「街角」を想定すればよい。ヨーロッパの戦前の集合住宅を訪れて感じるのは、そこに生活感ある街角が生きていることである。……。「街角」は建築だけでは成立せず、人々とその活動を支える空間的・社会的文脈が必要である」と述べている。筆者が所属する日本建築学会の環境行動研究小委員会では、2010年に『まちの居場所』を刊行したが、当初は「まちの居場所」のことを「街角の居場所」と呼んでおり、2005年9月1日は、日本建築学会の環境行動研究小委員会が主催となる研究懇談会「街角の居場所の創出―実践者を迎えて―」を開催した。*1-12) に書いた通り、この研究懇談会は「親と子の談話室・とぽす」の白根さん、「ひがしまち街角広場」の赤井さんらを迎えて開催したものである。

*8-4) ゴフマン（1980）は「「無目的」でいたり、何もすることがないという状態を規制するルー

ルがある」ために、「仕事中に「休憩」したい人は、喫煙が認められているところへ行って、そこで目だつように煙草を吸う」、「魚などはいないから自分の瞑想が妨げられるおそれのない河岸で「魚釣り」をしたり、あるいは浜辺で「皮膚を焼いたり」するのは、瞑想や睡眠を隠すための行為」になるというように、人は「誰の目にも明らかな行為をすることで自分の存在を粉飾する行為」をするのだと述べているが、これは、何らかの大義名分がないと、特定の目的をもたずに過ごすことは周囲の人の目に不自然に映るということである。

*8-5) 筆者は 2014 年 2 月 12 日のフィールドノートに、「○○さんは「居場所ハウス」に来ても何をしていいかわからず、薪ストーブにあたってるくらいしかすることがないと話していた。これは薪ストーブがあるからこそ、火にあたるという大義名分があり、そこにいても不自然ではないということである。薪ストーブがあるから、居心地悪そうではなく、堂々とそこで過ごしているように見えるという意味で、薪ストーブは場所を成立させているように思われる」（表記は一部変更している）と書いている。

*8-6) 澤田（2016）は地球規模で生じている種々の災害を乗り切るためには市場、政府、コミュニティ／社会関係資本（ソーシャル・キャピタル）の 3 者の補完が重要だと指摘している。お店という形態で運営されている「まちの居場所」が、多様な人々の関係を築くことにつながっているというのは、金銭的なやりとりがコミュニティへの関わりにつながっているという意味で、市場とコミュニティが互いに補完しあう仕組みになっていると捉えることができる。

*8-7) 鷲田（2002）は「「ある目的のために」というテレオロジー（目的論）的な思考においては、ひとつの活動はすべて目的－手段の連鎖のなかに閉じ込められる」のであり、「プロジェクト、プログラム、プログレス（進歩）、プロデュース、プロモーションのプロという接頭辞に示されるような前のめりの姿勢」から解放される必要があると指摘する。「まちの居場所」の価値を表現するためには、鷲田の言う「前のめりの姿勢」から解放される必要がある。「まちの居場所」の活動計画を立てる場合、プログラムを提供するのであれば「○○を目的とするイベントを、○○回開催し、○○人の参加者が見込まれる」と成果を数字で表現しやすいが、プログラムを提供しない「思い思い」に過ごす人々が互いに「居合わせる」場所の成果は数字では表現しにくい。そうだからと言って、わかりやすい数字で表現した活動計画に縛られてしまうと、プログラムを提供して、参加者を増やすことだけが目的になる恐れがある。

*8-8) これは「リーンスタートアップ」という考え方に通じる。佐藤(2015)は、「リーンスタートアップにおいては、そもそも最初から計画することを放棄します。計画を作成しても、変化が早すぎてまったく役に立たないからです。それならばいっそのこと「未来は予測できる」という前提を捨て、変化が起きた瞬間に即座に対応し、修正を重ね、変化していけばいいというのがリーンスタートアップの概要」だとし、「その考え方の本質は「地図を捨ててコンパスを持つ」ことにあります」と述べる。佐藤は「「必要性」とは、不確実な未来を予測するにあたっておおまかな方向性を示してくれる、コンパスのような存在です」と述べているが、既存の制度・施設の枠組みからもれ落ちたものをすくいあげようとする切実な思いから開かれた「まちの居場所」の根本にあるのも「必要性」だと言える。

*8-9) 河田（2016）の 27 ページに掲載されている「社会性のある茶の間（「実家の茶の間・紫竹」の場合）」という地図には、「実家の茶の間・紫竹」がここにあげた団体以外にも、多くの団体とつながりをもっていることが示されている。

*8-10) ヒビノ（2015）は「そろそろ「地域課題を解決する」という思い込みから抜け出したほうがいい」という記事において、「今大事なのは「いかにして、自分の地域を差別化するか？」「他の地域に勝つか？」「問題を解決し続けるか？」という発想ではなく、「いかにして光る場を作り出すか？」ということ」であり、「世界観の実現」だと指摘している。

第9章

*9-1) 舟橋（2004）は、「人間がそれぞれに個性的に豊かであろうとして行う様々な働きかけを疎

外することなく、時間の経過に伴う変化に可能な限り応え得るように、環境への人間の働きかけの自由を最大限に担保し誘発する一つの方途として、可能な限り儚く弱いフレキシブルな環境」とすることが考えられると述べ、これを「無の建築」と表現している。

*9-2）田中（2016a）では、「居場所ハウス」を対象とした考察を行い、「理念・目的を、具体的な場所として具現化していく際の枠組みであり、同時に、理念・目的を日々の運営の実体験を伴ったものとして共有していくための枠組みになるもの」を「しつらえ」と呼んだ。そして「しつらえ」として「最初から交流を意識せず、まず人々が居合わせる状況を作り出す」、「主客の関係を緩やかなものにし続ける」、「一度に完成させようとせず、徐々に作りあげていく」、「決定権を身近なものにしておく」、「生み出されたものを事後的に共有していく」の５つをあげた。この５つは本書の第８章でみた「まちの居場所」の価値と一部重なっているように、理念・目的と日々の運営の媒介となる枠組み（つまり、田中（2016a）で「しつらえ」と呼んでいたもの）自体を切り出すことはできないと考えている。田中（2016a）ではこの部分についての考察が不十分であり、現時点で筆者は、本書で述べている「主」が担う３つの役割を「しつらえ」と呼ぶのが相応しいと考えている。なお、「しつらえ」は山本による以下の議論を参考にしたものである。山本は、ホスピタリティはサービスではなく「広い意味での文化技術」であり、コミュニケーション、もてなしではなく「しつらえ」ではないかとした上で（山本, 2003）、「しつらえ」について次のように指摘している。「ホスピタリティは「もてなし」ではない、むしろ《しつらえ》である。人と人との関係が成立しうるために、場を〈しつらえる〉のだ。モノによって雰囲気によって、言葉にならぬものによって《しつらえ》がなされる。つまり、人とモノと場所とが非分離になる環境がしつらえられることである。したがって、ホスピタリティは「コミュニケーション」ではない。ある場の《気》をつくりだすことだ。「気に入る」「気がおちつく」「気がやすまる」場をつくりだす」（山本, 2006）。

*9-3）「ひがしまち街角広場」の太田さんは、以前は赤井さんが「ひがしまち街角広場」の「主」だったが、現在は各曜日の運営を担当するボランティアが、それぞれの曜日の「主」になってるのではないかと話している。

*9-4）「実家の茶の間・紫竹」のモデルとなった「うちの実家」では『常設型地域の茶の間　うちの実家　10年の記憶　2003-2013』（常設型地域の茶の間「うちの実家」, 2013年）が刊行されている。筆者は「ひがしまち街角広場」の歩みを記録した冊子として、千里グッズの会（2005）、千里グッズの会（2007）を、「居場所ハウス」の歩みを記録した冊子として田中（2015a）を編集した。

*9-5）理念の中身が事後的に豊かになるというのは、大阪府の「ふれあいリビング・下新庄さくら園」でもみられる。「ふれあいリビング・下新庄さくら園」は地域の人々の「ふれあい」の場所になることを目的として開かれた。代表の女性はオープン当初は何らかの行事・活動に参加することを「ふれあい」だと考えていたが、運営を続けるうちに、行事・活動に参加したり、会話したりすることを求めるだけではなく、１人で過ごしたい人に対してはそっとしておくのも大事だと考えるようになったと話していた。このことから、田中ほか（2007b）では「ふれあいリビング・下新庄さくら園」では行事・活動への参加から、多様な関わりの許容へと、目的とされている「ふれあい」が意味する内容が豊かになっていることを明らかにし、「まちの居場所」の目的（の中身）は、運営を始めた後に事後的に形作られていくと捉えた。

あとがき

*10-1）辞書のようなものとして、筆者はアレグザンダー（1984）による『パタン・ランゲージ』を思い浮かべている。なお、近年の「専門家ではない空間の利用者たちが、既にある建物をより幸せでより豊かな人々の暮らしの場に仕立て上げる活動」に注目する松村（2016）は、「民主化する建築」の時代の10の「作法」をあげている。ここで松村が「作法」をいう表現を用いているのは、「何か共通項を見つけて類型化したり、合目的的な方法にまとめようとする」のではなく、「明確な目的を前提とせず、人々の営みそのものの一部として還元」するためである。

■参考文献・資料

- 赤井直，蔵脇儀一，辻本明子，福岡正輝，吉村英祐（2002）「座談会：新千里東町における社会実験「ひがしまち街角広場」」・『TOYONAKA ビジョン 22』Vol.5
- 赤井直（2005）「ひがしまち街角広場の挑戦」・『TOYONAKA ビジョン 22』Vol.8
- 赤井直（2007）「住民の目で見守る通学路－気軽に集まれる街角広場から！」・『地方自治職員研修』通巻 555 号
- 赤井直（2008）「ひがしまち街角広場」における居場所つくり」・『住宅』Vol.57, No.2, 2008 年 2 月
- アサダワタル（2012）『住み開き』筑摩書房
- 網野善彦（1996）『増補　無縁・公界・楽』平凡社ライブラリー
- ハンナ・アレント（志水速雄訳）（1994）『人間の条件』ちくま学芸文庫
- クリストファー・アレグザンダー（平田翰那訳）（1984）『パタン・ランゲージ』鹿島出版会
- 伊富貴順一（2001）「住民の視点からみるニュータウンの再生とまちづくり－歩いて暮らせる街づくり（千里ニュータウン新千里東町地区）での取り組みを通じて－」・『日本都市計画学会関西支部設立 10 周年記念論文集』pp.103-108, 2001 年 10 月
- 伊富貴順一，宮本京子（2002）「ニュータウン再生における地域住民参加　－歩いて暮らせる街づくり構想推進事業「ひがしまち街角広場」の取り組みを通じて－」・『都市住宅学』No.39, pp79-84
- 岩月謙司（2000）「子どもにとって学校が居場所でなくなるとき」・藤竹暁編『現代人の居場所』至文堂
- 植茶恭子，広沢真佐子（2001）「大阪府コレクティブハウジングの取組み」・『財団ニュース』高齢者福祉財団，Vol.45, 2001 年 11 月
- 大分大学福祉科学研究センター（2011）『コミュニティカフェの実態に関する調査結果［概要版］』大分大学福祉科学研究センター
- 太田博一「千里ニュータウンのコミュニティ喫茶－「ひがしまち街角広場」の取り組み－」・『月刊ゆたかなくらし』No.331, pp.38-43, 2009 年 11 月
- 荻原健次郎（2001）「子ども・若者の居場所の条件」・田中治彦編『子ども・若者の居場所の構想』学陽書房
- 生越美咲，森傑，野村理恵（2014）「大船渡市末崎町「ハネウェル居場所ハウス」の設計意図と使いこなしの比較－東日本大震災被災地域の環境移行を支えるコミュニティカフェに関する研究－」・『日本建築学会大会学術講演梗概集（近畿）』pp.25-28, 2014 年 9 月
- 生越美咲（2016）『東日本大震災からの環境移行を支えるコミュニティカフェの地域定着に関する分析－大船渡市末崎町「ハネウェル居場所ハウス」の使いこなしの経年比較－』北海道大学大学院工学研究科，2016 年度修士論文梗概
- 金子郁容（1992）『ボランティア』岩波新書
- 河田珪子　清水義晴（2013）『誰でも参加できる「居場所」づくり』在宅介護支援協会
- 河田珪子（2016）『河田方式「地域の茶の間」ガイドブック』博進堂　2016 年
- 木多道宏（2012）「地域文脈からみた「まちの居場所」の形成に関する研究－キーパーソンの課題解決行為に基づく千里ニュータウン「ひがしまち街角広場」の形成過程の考察－」・『日本建築学会計画系論文集』No.675, pp.1023-1031, 2012 年 5 月
- 清田英巳，アレン・パワー，高橋杏子，田中康裕，原田麻穂(2014)『Ibasho カフェ 大切にしたいこと－(2nd Edition)』Ibasho
- Emi Kiyota, Yasuhiro Tanaka, Margaret Arnold, and Daniel Aldrich (2015) "Elders Leading the Way to Inclusive Community Resilience (Conference Version)," The World Bank
- アーヴィング・ゴッフマン（丸木恵祐，本名信行訳）（1980）『集まりの構造』誠信書房
- コミュニティ・サポートセンター神戸（2016）『第 1 回『居場所』サミット in 神戸　みんなでつくろう！わがまち居場所　BigMap データ集　vol.1』コミュニティ・サポートセンター神戸
- 昆布山良則（2015）「コミュニティカフェ　"続けること"が重要」・『シルバー新報』2015 年 6 月 12 日号
- 佐藤航陽（2015）『未来に先回りする思考法』ディスカヴァー・トゥエンティワン
- 佐藤洋作（2004）「若者の居場所づくりと社会的自立」・子どもの参画情報センター編『居場所づくりと社会つながり』萌文社
- さわやか福祉財団編（2016）『シリーズ　住民主体のサービスマニュアル　第 3 巻　居場所・サロンづくり』全国社会福祉協議会

- 三本松政之（2000）「高齢者と居場所」・藤竹暁編『現代人の居場所』至文堂
- ジェイン・ジェイコブズ（山形浩生訳）（2010）『[新版] アメリカ大都市の死と生』鹿島出版会
- 清水義晴（2016）『地域福祉の拠点－河田珪子さんがつくる「地域の茶の間」のヒミツ』博進堂
- 渋谷昌三（1999）『自分の「居場所」をつくる人、なくす人』PHP 研究所
- 白根良子（2001）「親と子の談話室・とぽす」・日本女子社会教育会編『おや、オヤ？親子・21 世紀』日本女子社会教育会
- 白根良子，滋野淳治，赤井直，小松尚，司会：鈴木毅（2005）「公共の場の構築」・『建築雑誌』Vol.120, No.1533, 2005 年 5 月
- 直田春夫（2005）「千里ニュータウンのまちづくり活動とソーシャル・キャピタル」・『都市住宅学』No.49
- 鈴木毅（2004）「体験される環境の質の豊かさを扱う方法論」・舟橋國男編『建築計画読本』大阪大学出版会
- 鈴木毅（2005）「再構築に向けて」・『建築雑誌』Vol.120, No.1533, 2005 年 5 月号
- 鈴木毅（2007）「環境適応プロセスのデザイン」・日本建築学会　建築計画委員会編『いま、あらためてプロセス・デザイン（2007 年度日本建築学会大会（九州）　建築計画部門　研究協議会資料）』日本建築学会
- 鈴木毅（2010a）「公共空間における人の居方と社会生活」・『都市計画』Vol.59　No.3, pp56-59, 2010 年 6 月
- 鈴木毅（2010b）「人々の接触と相互認識を支援する仕掛けとしての場所」・日本建築学会　建築計画委員会編『「利用」の時代の建築学へ－建築計画にとって何が課題になり得るか？（2010 年度日本建築学会大会（北陸）　建築計画部門　研究協議会資料）』日本建築学会
- 鈴木毅（2011）「地域と都市の居場所のために～建築・都市の専門家の心構え～」・『建築と社会』Vol.92, No.1069, 2011 年 4 月
- 芹沢俊介（2003）『「新しい家族」のつくりかた』晶文社
- 千里グッズの会編（2005）『街角広場アーカイブ '05』ひがしまち街角広場
- 千里グッズの会編（2007）『街角広場アーカイブ '07』ひがしまち街角広場
- 橘弘志・高橋鷹志（1997）「地域に展開される高齢者の行動環境に関する研究」・『日本建築学会計画系論文集』第 496 号，pp89-95, 1997 年 06 月
- 田中治彦（2001a）「子ども・若者の変容と社会教育の課題」・田中治彦編『子ども・若者の居場所の構想』学陽書房
- 田中治彦（2001b）「関わりの場としての「居場所」の構想」・田中治彦編『子ども・若者の居場所の構想』学陽書房
- 田中康裕（2007a）『主がしつらえる地域の場所に関する研究』大阪大学大学院工学研究科学位論文，2007 年 3 月
- 田中康裕，鈴木毅，松原鷹樹，奥俊信，木多道宏（2007b）「「下新庄さくら園」における目的の形成に関する考察－コミュニティ・カフェにおける社会的接触－」・『日本建築学会計画系論文集』No.613, pp.135-142, 2007 年 3 月
- 田中康裕，鈴木毅，松原茂樹，奥俊信，木多道宏（2007c）「コミュニティ・カフェにおける「開かれ」に関する考察－主（あるじ）の発言の分析を通して－」・『日本建築学会計画系論文集』No.614, pp.113-120, 2007 年 4 月
- 田中康裕，鈴木毅，松原茂樹，奥俊信，木多道宏（2007d）「日々の実践としての場所のしつらえに関する考察－「ひがしまち街角広場」を対象として－」・『日本建築学会計画系論文集』No.620, pp.103-110, 2007 年 10 月
- 田中康裕（2008a）「コミュニティ・カフェによる暮らしのケア」・高橋鷹志，長澤泰，西村伸也編『環境とデザイン（シリーズ〈人間と建築〉3）』朝倉書店
- 田中康裕，鈴木毅（2008b）「環境デザインプロセスにおける地域の場所へのアクセスに関する考察－千里ニュータウン・新千里東町における灯りイベントの実施プロセスを対象として－」・『日本建築学会計画系論文集』No.630, pp.1715-1722, 2008 年 8 月
- 田中康裕，鈴木毅（2008c）「地域における異世代の顔見知りの人との接触についての一考察－「中間的な関係」と「場所の主」の観点から－」・『日本建築学会計画系論文集』No.632, pp.2107-2115, 2008 年 10 月
- 田中康裕，鈴木毅（2009）「「親と子の談話室・とぽす」の開設プロセスにみる「場の許容性」についての一考察－「場所の主」へのインタビューを通して－」・『日本建築学会計画系論文集』No.636, pp.379-386, 2009 年 2 月
- 田中康裕（2010）「場所の主（あるじ）」・日本建築学会編『まちの居場所－まちの居場所をみつける／つくる』東洋書店

・田中康裕（2011a）「ひがしまち街角広場－ニュータウンの空き店舗を活用した地域の「ひろば」－」・『建築と社会』Vol.92, No.1069, pp.24-25, 2011年4月

・田中康裕（2011b）「コミュニティ・カフェにおける計画と研究者」・日本建築学会建築社会システム委員会編『「利用の時代」の建築とマネジメントを考える（2011年度日本建築学会大会（関東）　建築社会システム部門　パネルディスカッション資料）』日本建築学会, pp.45-49, 2011年08月

・田中康裕（2013）「「当たり前」の継承～千里ニュータウンにおけるアーカイブ・プロジェクトの試み～」・『住宅』日本住宅協会, Vol.62, pp.43-50, 2013年5月

・田中康裕編（2015a）『居場所ハウスのあゆみ（2015年夏版）』Ibasho

・田中康裕（2015b）「試行錯誤により再構築されていく地域～岩手県大船渡市「居場所ハウス」が目指すもの～」・『近代建築』pp.30-35, 2015年10月号

・田中康裕（2016a）『平成27年度　プロダクティブ・エイジング実現に向けた「まちの居場所」の役割と可能性～岩手県大船渡市「居場所ハウス」の取り組みから～　報告書』一般財団法人長寿社会開発センター・国際長寿センター

・田中康裕（2016b）「「まちの居場所」が担う意味～岩手県大船渡市「居場所ハウス」の試みから～」・『財団ニュース』高齢者住宅財団, Vol.135, pp.25-31, 2016年11月

・張海燕，柏原士郎，吉村英祐，横田隆司，飯田匡，大野拓也（2004）「千里ニュータウンのコミュニティセンターに対する高齢者の利用意識－ニュータウンにおけるコミュニティ施設の体系的整備に関する研究－」・『日本建築学会計画系論文集』No.583, pp23-30, 2004年9月

・張海燕，柏原士郎，吉村英祐，横田隆司，飯田匡（2005）「新千里東町の「ひがしまち街角広場」の利用実態と利用者意識について－高齢社会に対応したコミュニティ施設の整備手法に関する研究－」・『日本建築学会計画系論文集』No.589, pp.25-32, 2005年3月

・筒井愛知（2004）「「まったり」と「緊密」の中間」・子どもの参画情報センター編『居場所づくりと社会つながり』萌文社

・富永幹人，北山修（2003）「青年期と「居場所」」・住田正樹，南博文編『子どもたちの「居場所」と対人的世界の現在』九州大学出版会

・日本建築学会編（2010）『まちの居場所～まちの居場所をみつける／つくる～』東洋書店

・野澤秀之（2005）「児童館と子どもの居場所」・杉山千佳編『子どものいる場所』至文堂

・平田オリザ（1998）『演劇入門』講談社現代新書

・広井良典（1997）『ケアを問いなおす』ちくま新書

・藤田英典（1996）「[三]〈想像の共同体〉――学校生活の強制的組み替え」・佐伯胖，藤田英典，佐藤学『学び合う共同体』東京大学出版会

・藤竹暁（2000）「居場所を考える」・藤竹暁編『現代人の居場所』至文堂

・舟橋國男（2004）「トランザクショナリズムと建築計画学」・舟橋國男編『建築計画読本』大阪大学出版会

・クラレンス・A・ペリー（倉田和四生訳）（1975）『近隣住区論』鹿島出版会

・増田ユリヤ（1999）『「新」学校百景』オクムラ書店

・松原茂樹，鈴木毅（2003）「計画された街に生まれた高齢者の居場所」・『建築雑誌』Vol.118, No.1510, 2003年10月

・松原茂樹，岩根敬子，鈴木毅，田中康裕，奥俊信，木多道宏（2009）「大阪府ふれあいリビング事業の運営と連携－住民が運営する交流の場所と地域環境の関係に関する研究－」・『日本建築学会計画系論文集』No.636, pp.347-354, 2009年2月

・松村秀一（2016）『ひらかれる建築－「民主化」の作法』ちくま新書

・宮本京子（2004）「「ひがしまち街角広場」によるニュータウン再生」・『建築と社会』Vol.85, No.985, 2004年4月

・森傑（2013）「大船渡市末崎地区「ハネウェル居場所ハウス」の試み」・『日本建築学会　建築計画委員会編「復興のプランニングⅡ－生活圏の再生と再建－」日本建築学会, pp.29-30, 2013年8月

・山本茂，宮本京子（2001）「千里ニュータウンにおける取り組みと展望」・『地域開発』Vol.444, 2001年9月

・山本哲士（2003）「対談　文化経済とホスピタリティ」・『LIBRARY iichiko（特集：資本とホスピタリティ）』No.80, 新曜社

・山本哲士（2006）『ホスピタリティ原論』新曜社

・山本哲士（2010）『ホスピタリティ講義』文化科学高等研究院出版局

- 横川和夫（2004）『その手は命づなーひとりでやらない介護、ひとりでもいい老後』太郎次郎社エディタス
- クロード・レヴィ＝ストロース（大橋保夫訳）（1976）『野生の思考』みすず書房
- 鷲田清一（2002）『死なないでいる理由』小学館
- 『歩いて暮らせる街づくり構想推進事業　ひがしまち街角広場　記録集』生活環境問題研究所，2002年3月
- 『近畿圏における持続可能なまちづくりに関する調査業務　報告書』国土交通省近畿地方整備局，2004年3月
- 『平成16年度文部科学白書』文部科学省，2005年3月
- 「人と人とがつながる場　うちの実家」・長寿社会開発センター『PORTA』長寿社会開発センター，第5号，2011年7月
- 『広報大船渡』No.985，2012年6月20日号
- 『平成23年度　高齢者の居場所と出番に関する事例調査結果（全体版）』内閣府，2012年
- 『常設型地域の茶の間　うちの実家　10年の記憶　2003-2013』常設型地域の茶の間「うちの実家」，2013年
- 『高齢者見守り・支え合い活動事例集』新潟県福祉保健部高齢福祉保健課，2015年3月
- 『地域づくりによる介護予防を推進するための手引き』三菱総合研究所，2015年3月

■参考ウェブサイト

- 浅川澄一（2015）「行政が目論む「安上がりの介護へ転換」の実態」・『ダイヤモンド・オンライン』2015年9月16日号
  http://diamond.jp/articles/-/78587
- 内田樹（2010）「卒論の書き方」・『内田樹の研究室』2010年8月3日
  http://blog.tatsuru.com/2010/08/03_1235.php
- 澤田康幸（2016）「学術研究から見た社会関係資本（Social Capital）とIbashoの意義」・『NPO法人Ibasho Japan』2016年1月
  http://ibasho-japan.org/resources/160108_lecture
- ヒビノケイコ（2015）「そろそろ「地域課題を解決する」という思い込みから抜け出そう。妄想から始まる「世界観の表現」へ」・『ヒビノケイコの日々。人生は自分でデザインする。』2015年3月9日
  http://hibinokeiko.blog.jp/archives/23562348.html
- 「Ibasho」　http://www.ibasho.org
- 「Ibasho Japan」　http://www.ibasho-japan.org
- 大阪府「自治会等の活動について（府営住宅入居者向け）」
  http://www.pref.osaka.lg.jp/jutaku_kikaku/juki/jitikai.html
- 大船渡市応急仮設住宅支援協議会「大船渡仮設住宅団地 Official Site」　http://ofunatocity.jp
- 大船渡市応急仮設住宅支援協議会「大船渡市災害公営住宅 Official Site」　http://ofunatocity.jp/kouei/
- 「Operation USA」　http://www.opusa.org/
- 厚生労働省「地域包括ケアシステム」
  http://www.mhlw.go.jp/stf/seisakunitsuite/bunya/hukushi_kaigo/kaigo_koureisha/chiiki-houkatsu/
- 「コンビニエンスストア統計データ」　http://www.jfa-fc.or.jp/particle/320.html
- さわやか福祉団体「ふれあいの居場所」　http://www.sawayakazaidan.or.jp/ibasyo/index.html
- 「ディスカバー千里」　http://senrinewtown.xsrv.jp
- 「デジタル公民館まっさき」　http://www.massaki.jp
- 奈良介護保険研究会居場所プロジェクト実行委員会「奈良の居場所」　http://www.souken-mailbox.com/ibasho/
- 新潟市「新潟市地域包括ケア推進モデルハウス」
  https://www.city.niigata.lg.jp/iryo/korei/chiikihokatsucare/modelhouse.html
- 「ニュータウン・スケッチ」　http://newtown-sketch.com
- 「ハネウェル居場所ハウス」　http://ibasho-house.jimdo.com
- 「ひがしまち街角広場」　http://e-machikado.jimdo.com
- 「文部科学省のいろいろなデータ」　http://www.mext.go.jp/kodomo/new_html/data.html

謝辞

　本書を執筆するにあたっては多くの方のお世話になりました。

　「親と子の談話室・とぽす」、「実家の茶の間・紫竹」の白根良子・喜代志さん夫妻、河田珪子さんには長時間にわたるインタビューにご協力いただきました。また、訪問時には当番、サポーター、来訪者のみなさまに暖かく迎えていただきました。

　千里ニュータウンでの調査、及び、実践を続けるにあたっては「ひがしまち街角広場」代表の赤井直さん、太田博一さん、スタッフのみなさま、「千里ニュータウン研究・情報センター」（旧・千里グッズの会）のみなさまから多大なるご協力をいただきました。

　「居場所ハウス」の前理事長の近藤均さん、理事長の鈴木軍平さんをはじめとするスタッフ、来訪者のみなさま、山岸仮設・大田仮設の支援員・居住者のみなさま、末崎町のみなさまからのご支援・ご協力なしには、大船渡市末崎町で生活しながらフィールドワークを続けることはできなかったと思います。

　ワシントンDCの非営利法人「Ibasho」代表の清田英巳さん、Ibasho Japanのみなさま、日本建築学会環境行動研究小委員会のみなさまをはじめとする方々との議論を通して多くのことを教えていただきました。本書は多くの方々との議論がベースになっています。

　以上で個人のお名前を書かせていただいた方々は、本、雑誌に文章を寄稿されたり、新聞取材を受けたり、ウェブサイトに掲載されたりと広くお名前が知られている方々であるため、本文中でも実名で記載させていただきました。

本書は全国生活協同組合連合会の2016年度「社会福祉事業等助成事業」、及び、全国労働者共済生活協同組合連合会の2016年度「社会福祉活動等助成事業」の助成を受けて刊行した研究レポート『平成28年度　「まちの居場所」の継承にむけて　報告書』（一般財団法人長寿社会開発センター・国際長寿センター, 2017年）に基づいています。国際長寿センターのみなさまには貴重な機会を与えていただいたことを感謝申し上げます。

※国際長寿センター (ILC-Japan)
少子高齢化に関する諸問題を国際的・学際的に調査研究、広報啓発することを目的とし、1990年に日本とアメリカに設立。以来、プロダクティブ・エイジングの理念のもと、世界17カ国の姉妹センターとともに、いきいきとした高齢社会を実現するための活動を続けている。
http://www.ilcjapan.org

田中 康裕（たなか・やすひろ）

1978年京都府生まれ。大阪大学大学院工学研究科博士後期課程修了、博士（工学）。まちの居場所の研究・実践を続けている。清水建設技術研究所を経て、2013年から岩手県大船渡市に移り住み、「居場所ハウス」の運営・研究に携わる。2014年よりワシントンDCの非営利法人「Ibasho」がフィリピン、ネパールで進めるプロジェクトのサポート・研究。2015年8月より特定非営利活動法人 Ibasho Japan・副理事長。東京大学大学院経済学研究科・特任研究員（2015〜2017）。2018年10月よりIbasho Japan・代表（〜現在）。大阪府の千里ニュータウンで長年「まちの居場所」、計画住宅地のアーカイブに関する研究と実践を行い、現在千里ニュータウン研究・情報センター事務局長。

共著に『環境とデザイン（シリーズ〈人間と建築〉3）』（朝倉書店）、『まちの居場所：まちの居場所をみつける／つくる』（東洋書店）、『まちの居場所：ささえる／まもる／そだてる／つなぐ』（鹿島出版会）。「まちの居場所」の活動記録として『街角広場アーカイブ'07』（ひがしまち街角広場, 2007年）、『居場所ハウスのあゆみ』（Ibasho, 2015年）を編集。ウェブサイトは https://newtown-sketch.com。

まちの居場所、施設ではなく。
―― どうつくられ、運営、継承されるか

発行日	2019年11月16日 初版第一刷発行
著 者	田中 康裕
発行人	仙道 弘生
発行所	株式会社 水曜社
	〒160-0022 東京都新宿区新宿1-14-12
	TEL 03-3351-8768　FAX 03-5362-7279
	URL suiyosha.hondana.jp/
装幀・DTP	小田 純子
印 刷	日本ハイコム株式会社

©TANAKA Yasuhiro　2019 Printed in Japan
ISBN 978-4-88065-475-1　C0036

本書の無断複製（コピー）は、著作権法上の例外を除き、著作権侵害となります。
定価はカバーに表示してあります。落丁・乱丁本はお取り替えいたします。

地域社会の明日を描く――

芸術祭と地域づくり
"祭り"の受容から自発・協働による固有資源化へ
吉田隆之 著
2,900 円

野外彫刻との対話
西山重徳 著　井口勝文 特別寄稿　さとうあきら 写真
2,200 円

岐路に立つ指定管理者制度
変容するパートナーシップ
松本茂章 編著
2,500 円

団地再生まちづくり5
日本のサステナブル社会のカギは「団地再生」にある
団地再生支援協会　合人社計画研究所 編著
2,500 円

SDGsの主流化と実践による地域創生
まち・ひと・しごとを学びあう
遠野みらいづくりカレッジ　樋口邦史 編著
2,500 円

創造社会の都市と農村
SDGsへの文化政策
佐々木雅幸 総監修
敷田麻実・川井田祥子・萩原雅也 編
3,000 円

ローカルコンテンツと地域再生
観光創出から産業振興へ
増淵敏之 著
2,500 円

芸術文化の投資効果
メセナと創造経済
加藤種男 著
3,200 円

想起の音楽
表現・記憶・コミュニティ
アサダワタル 著
2,200 円

ソーシャルアートラボ
地域と社会をひらく
九州大学ソーシャルアートラボ 編
2,500 円

ワインスケープ
味覚を超える価値の創造
鳥海基樹 著
3,800 円

和菓子　伝統と創造
何に価値の真正性を見出すのか
森崎美穂子 著
2,500 円

まちを楽しくする仕事
まちづくりに奔走する自治体職員の挑戦
竹山和弘 著
2,000 円

全国の書店でお買い求めください。価格はすべて税別です。